知りたいことが
ぜんぶわかる！

新 NISA
（ニーサ）

&

iDeCo
（イデコ）

の 超 基 本

酒井富士子
Sakai Fujiko

Gakken

はじめに

　2018年に、儲けにかかる税金が"ゼロ"であることから**「お得に」**貯まる制度である「つみたてNISA（ニーサ）」がスタートして、はや6年。2023年3月時点でNISA口座数は約1873万口座まで拡大しています。私のまわりでも、「投資はちょっと……」と言っていた人たちが、次々と積立投資をスタートしています。

　「なるべくほったらかしにして、見ないようにしているの」「この間、残高が下がっていてドキドキした！」といったコメントを聞くたびに、私自身も一緒に笑ったり、オロオロしたりしながら、投資の勉強をしている最中です。

　そんな中、以前から**NISA制度の中で不満に思っていた**ことが、**新NISAというかたちで改善される**というニュースが入ってきました。政府の「資産所得倍増プラン」の一環ということでしたが、とってもスピーディに新NISAが実現して、私自身、ますます**「新NISAは絶対したほうがいいよ」**とおすすめしたい気持ちでいっぱいです！

　まず、制度が恒久化され、私たちの子ども世代も孫世代も、ずっと利用し続けられる制度になりました。しかも投資期間も無期限に！　これからは、20歳の人も、35歳の人も、50歳の人も、誰もが自分のライフプランに合わせて、**新NISAをずっと利用できます。**おっと、**iDeCo（イデコ）**ももちろん、**合わせ技で使わない手はありません!**

　というわけで、これからのマネープランは新NISAとiDeCoで決まりです。ぜひ、2つのお得な制度を**上手に使いこなすワザ**を学んでいきましょう！

経済ジャーナリスト　酒井富士子

登場人物紹介

教わる人

会社員（32歳）。同い年の自営業（イラストレーター）の夫と3歳の子どもとの3人暮らし。お金のことはやや無頓着。最近、将来の子どもの教育費や老後の資金が心配になり、お金の専門家のフジコ先生に相談している。

まねきミケ子

教える人

ファイナンシャル・プランナーの資格を持つ経済の専門家。経済ジャーナリストとして「お金のことを誰よりもわかりやすく発信する」をモットーに、暮らしに役立つ最新情報をあらゆるメディアで解説している。投資初心者のミケ子さんに、やさしく丁寧にお金の増やし方を伝授していく。

フジコ先生

2024年から新NISAスタート！
「ここが心配、わからない」に答えます！

子どもが
巣立ったあとは、
ミケ子と2人、
ノンビリ老後を
すごせるかな〜

物価が
上がってきて
この子の教育費を
用意できるかな……

今までの
つみたてNISAで
貯めたお金は、
どうなるの？

「新NISA」と「iDeCo」で
お金の不安を解決しましょう！

詳しくは P34〜

税金がかからない積立2大制度

詳しくは P76〜

新NISA（2024年〜）	こんな人におすすめ	iDeCo
これから お金を貯めたい人全員 （何歳からでもOK）	こんな人に おすすめ	ライフイベントのめどがたち、これから老後資金づくりを本格化させたい人
18歳以上	対象に なる人は？	原則20歳以上65歳未満※2
無期限	最長いつまで 投資できる？	65歳になるまで （運用できるのは70歳まで）
つみたて投資枠 120万円　成長投資枠 240万円 生涯投資可能金額：1800万円※1	年間の投資 可能金額は？	条件に応じて 14.4万円〜81.6万円 （職業、加入している年金により異なる）
積立・分散投資に適した一定の投資信託　上場株式、投資信託など	購入できる 主な商品は？	投資信託、定期預金など
いつでも可	払い出しは できる？	原則60歳まではできない

※1 うち成長投資枠は1200万円　※2 厚生年金に加入していれば18歳以上

「積立」と「税金ゼロ」の力でお金を増やそう

　ミケ子ママは最近、この先のお金のことを心配するようになりました。おウチのこと、子どもの教育資金のこと、ず〜っと先の老後のこと……。人生の節目で必要になるまとまったお金をどうつくればいいのか。お金に詳しい「フジコ先生」と一緒に勉強することにしました。

　フジコ先生が、まずミケ子さんに伝えたことは「物価上昇時代の今、預貯金ではお金が目減りしてしまう」ということ。そして、必要なお金をつくるには、国が個人の資産づくりを支援する「新NISA」と「iDeCo」の2大『非課税』投資制度を活用することでした。

　2つのうち、新NISAは2024年1月からスタートし、旧制度のNISAと比べてぐんと利用しやすくなります。新しくスタートする新NISAのこと、「投資って？」「非課税って？」「投資信託って？」……。わからないことをミケ子さんと一緒に学んでいきましょう。

まずは素朴な疑問にフジコ先生がお答えします！

Q1

物価高で家計が苦しくて、お金を貯める余裕がないです……

A 物価上昇（インフレ）の時は、投資でお金が増やせる時です！

物価が上昇すると同じお金で買えるモノの量が減り、それだけお金の価値が下がります。それに対応するには、現金ではなく株式などの金融資産で持つことが必要です。**物価上昇時は「景気がよくなる＝株価が上昇する可能性が高まる」時でもあります**。最初は小さな金額でもいいので、経済上昇の波に自分のお金を乗せて資産を守りましょう。

物価高＝お金の価値が目減り

〈2020年〉

800円

〈2023年〉

1200円

800円
で買えたものが
1200円
払わないと買えない！
＝お金の価値

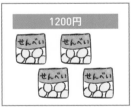

物価上昇時
＝株価上昇の可能性大

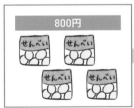

株式などの金融資産を
経済上昇の波に乗せよう！

Q2

投資をすると
損をしそうで心配です……

A 「長期」で「積み立てる」
ことでリスク減。初心者でもOK！

「投資は元本割れが怖い」という人に知ってほしい方法が、定期的に同じ商品を・同じ金額で購入し続ける **「積立投資」** です。この方法であれば、価格が安い時は多く、高い時は少なく買うことになり、結果的に平均購入価格を抑えられます（※）。値動きを気にすることなく、積立を続けるだけでOKなので、**初心者にもピッタリの方法です。**

（※）ドル・コスト平均法という

〈ドル・コスト平均法の考え方〉 リンゴを毎月1000円分購入すると…

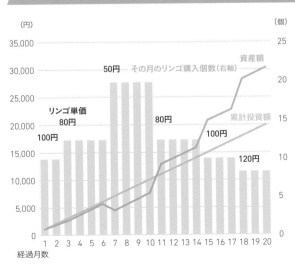

（円）

35,000
30,000 ―――50円――― その月のリンゴ購入個数（右軸） 資産額
25,000
20,000 リンゴ単価 80円 80円 累計投資額
80円 100円
15,000 100円 120円
10,000
5,000
0

（個）
25
20
15
10
5
0

1 2 3 4 5 6 7 8 9 10 11 12 13 14 15 16 17 18 19 20

経過月数

1カ月目は1個100円だったので10個買える一方で、7カ月目には、50円に値下がりし20個も買うことができます。しかし、すでに持っているリンゴの価値も下がるため、資産額（青色の線）が累計投資額（緑色の線）を下回って、一時的には損をすることになります。ですが、安い時に持っている個数を増やすことで、リンゴの単価が初期の100円まで戻っていなくても利益を出すことができます。

Q3

\ みんなの素朴な疑問にお答え！/

子どもがいる共働き夫婦でも投資はするべきでしょうか？

A 住宅購入資金や教育資金など
将来必要なお金を投資でつくりましょう

　ミケ子さんが心配していたように、人生の節目に訪れるライフイベントには、その都度まとまったお金が必要になります。それらのお金を効率的に増やすためにも投資（積立投資）は有効です。**住宅購入・教育資金はいつでも引き出せる新NISA、老後資金はiDeCo**というように、目的や使う時期に合わせて2つの制度を活用しましょう。

特別なイベントにかかる費用の例

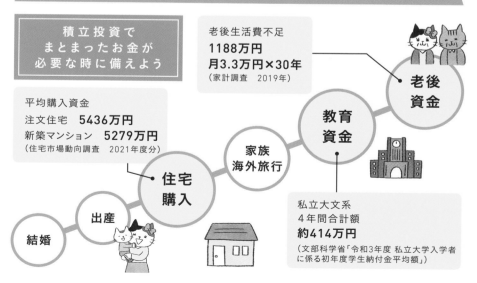

積立投資で
まとまったお金が
必要な時に備えよう

老後生活費不足
1188万円
月3.3万円×30年
（家計調査　2019年）

平均購入資金
注文住宅　**5436万円**
新築マンション　**5279万円**
（住宅市場動向調査　2021年度分）

私立大文系
4年間合計額
約414万円
（文部科学省「令和3年度 私立大学入学者に係る初年度学生納付金平均額」）

結婚　　出産　　住宅購入　　家族海外旅行　　教育資金　　老後資金

Q4

新NISAやiDeCoを
50代から始めてもいいですか？

A むしろ積極的に！！
1年でも長く運用を！

　新NISAには加入できる年齢の上限もなく、いつまでも非課税で運用できます。より長期で運用ができるため、**50代からでも積極的に利用するのがおすすめ**。60代は退職金を原資にして積み立ててもいいでしょう。

　iDeCoも加入できる年齢の上限が65歳までとなり、**50代から始めてもお得を享受しながら、老後資金の準備ができます**。

50代以降の理想的な投資

50代は給料から、
60代は退職金から
積み立てる

Q5

フリーランスで仕事をしているのですが、病気や老後が心配です

A いざという時に備えて、使えるお金を多めに準備しておきましょう

　フリーランスの人は厚生年金に加入できません。また、退職金の制度もないため、**老後やいざという時に使えるお金を多めに確保しておくと安心です**。まずは下の計算式に当てはめて、60歳までに準備できるお金をざっくり把握しましょう。「入るお金」から生活費などの「出るお金」を引き、マイナスになってしまったら、対策が必要です。

　iDeCoではフリーランスや自営業者の人は、**毎月6万8000円もの掛金を積み立てられ、全額所得控除の対象となります**。こうした制度を利用して、税負担を軽減しながら賢くお金を準備していきましょう。

60歳までに準備できる資金を検討する

60歳までに準備できるお金	=	A プラスのお金	−	B マイナスのお金

A	=	今ある貯蓄などの資産	+	これから貯めるお金	+	個人年金や保険の満期金
B	=	60歳までに使う生活費	+	その他使う予定の決まっているお金		

> 60歳時点で準備できる金額を
> ざっくりでよいので計算してみましょう

10

CONTENTS

\ みんなの素朴な疑問にお答え！ /

STAFF

ブックデザイン	岩永香穂（MOAI）
イラスト	なかきはらあきこ
編集・執筆協力	株式会社回遊舎（今野珠美、白石悠、大村美穂）、
	永井志樹子、馬養雅子
DTP	平田治久（NOVO）
校閲	聚珍社

※本書の情報は2023年7月現在のものです。
新NISA関連の情報は、2024年の制度改正に基づく改正後の表記となっています。

[参考図書・資料]
・『いちからわかる！ つみたてNISA&iDeCo 制度改正対応版』（インプレス）
・『マンガと図解でよくわかる つみたてNISA&iDeCo&ふるさと納税 ゼロからはじめる投資と節税入門』
（インプレス）
・『知識ゼロからわかる『超入門』一問一答Q&Aで疑問スッキリ！ つみたてNISA&iDeCoの始め方』
（二見書房）
・「iDeCo公式サイト」（国民年金基金連合会）
・「NISA特設ウェブサイト」（金融庁）

第 **2** 章 | サクッとわかる！
新NISAの賢い使い方

第 **3** 章 | 難しいことはさておき、iDeCoのお得な活用法が知りたい!

第 **4** 章 | すみません、
「投資信託」って何ですか?

第5章 これが正解！新NISA&iDeCoの組み合わせ法

第 **1** 章

新NISAと iDeCoの違い、 教えてください！

2024年スタートの「新NISA」、
そして「iDeCo」。
国がつくった2大税制優遇制度の
仕組みをじっくり学ぶ前に、
まずは2つの違いを理解しておきましょう。

人生には「大きな出費」が3つあることを知ろう

POINT

☑ 「住宅購入費」「教育費」「老後資金」が人生の3大出費

☑ 3大出費に備えるためにも、投資信託での積立を始めよう

 ミケ子さんは、お金のことが心配になったとか？

 そうなんです。子どもは元気で幸せいっぱいなのですが、今後を考えると、だんだんとお金の面で不安になってきまして……。私自身お金にはうといのもあって、これから先、どんな時にどの程度のお金が必要になるか、教えてもらえないでしょうか？

 一般的に、人生には「**住宅購入費**」「**教育費**」「**老後資金**」という**3つの大きな出費**があります。例えば、新築マンションの平均購入資金は5279万円。教育費だって私立大文系に4年間通わせるだけで平均約414万円がかかると言われています。

 ひえ～。**正直、現在の貯蓄では全然足りません!**

 大丈夫! 今お金が貯まっていないからといって悲観する必要はありません。でも、いざお金が必要となった時に足りないのでは悲惨ですよね。だから、今から準備することが大切です。

 一応、定期預金はしているんですけど、これでお金は増えますよね？

ライフステージによってかかるお金のイメージ

資産運用は、お金の面から人生を豊かにする手段の一つですので、
積極的にトライしてみましょう。

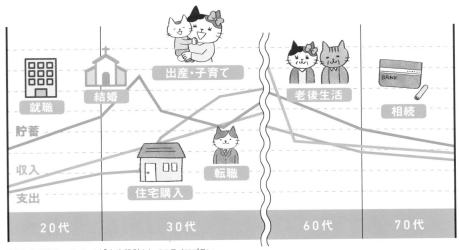

出所：金融庁ホームページ「人生設計としてのライフプラン」
https://www.fsa.go.jp/policy/nisa2/knowledge/basic/index.html

 残念ながら答えは「ノー」です。**銀行の定期預金は金利が0.002%**。毎月3万円を10年間積み立てても、積立額が360万円であるのに対して、利息はわずか357円です。これでは、**せっかくお金を積み立ててもほとんど増えません。**

 （涙）。では、いったいどうしたらいいのですか？

 国が推奨しているのは、**投資信託という商品を長く積み立てていく方法です**。長く積み立てていれば、ある程度の利回りを期待できて、大きく増やしていけるかもしれません。

 なるほど！　もっと詳しく知りたくなってきました！

投資信託を利用した 2大非課税制度

POINT

☑ お得な2大非課税制度は「新NISA」と「iDeCo」

☑ まずは使い勝手のよい新NISAから利用してみよう

 先生！ そもそも、投資信託って何ですか？

 詳しい仕組みについてはP30〜で説明しますが、簡単にいうと、株式などの投資商品をパッケージ化して販売している金融商品で、**毎月1000円**などから積み立てることができるんです。

 1000円からなら、私でも気軽に始められますね！

 しかも、投資信託の積み立てには、国が実施している「**新NISA**」と「**個人型確定拠出年金＝iDeCo**」という2つの非課税制度があります。この2つの制度を活用すれば、投資で値上がりした収益に通常かかる税金が一切かからず、効率的に資産をつくっていくことができます。

 どっちもお得な制度なんですね！ この2つの制度には、何か違いがあるのですか？

 それぞれの詳しい仕組みについては第2章、第3章で説明しますが、ここでまず知ってもらいたいのは、新NISAとiDeCoでは利用する目的が違うということです。

「新NISA」と「iDeCo」の違い

新NISA		iDeCo
20代から将来に向けてコツコツとライフイベント資金の準備をしておきたい人	向いているのはこんな人	老後資金を準備したい人、税制優遇を受けたい人
18歳以上	対象年齢	**原則20歳以上65歳未満**※1
無期限	最長投資期間	**65歳になるまで**
360万円（つみたて投資枠120万円、成長投資枠240万円） 生涯投資可能金額：1800万円※2	年間の投資可能金額	条件に応じて14.4万円～81.6万円（職業、加入している年金により異なる）
つみたて投資枠：国が厳選した投資信託など **成長投資枠**：上場株式、投資信託、ETF、J-REITなど	購入できる主な商品	各金融機関が決めた投資信託、定期預金や生命保険
いつでも可	払い出し・売却	原則60歳までできない
車・住宅購入資金、子どもの教育資金づくり、老後の資金づくり	用途	老後の資金づくり

※1 厚生年金に加入していれば18歳以上 　※2 うち成長投資枠は1200万円

利用する目的？　具体的に教えてください！

新NISAで貯めたお金はいつでも引き出すことができるため、住宅購入費や子どもの教育費など、ライフイベント全般に活用することができます。一方で、iDeCoで貯めたお金は原則60歳まで引き出せないため、用途は老後資金に限られるのです。

なるほど。新NISAのほうが使い勝手がよさそうですね。

はい。そのため、ミケ子さんのような30代の方は、まずは新NISAでライフイベント用のお金を貯めることを優先したほうがいいでしょう。

新NISAとiDeCoの違い、教えてください！

新NISAとiDeCo どっちから始めればいい？

POINT

- ☑ まずは使い勝手のよい新NISAから始めるのが得策。口座開設も簡単で手数料も安い
- ☑ 税金の面では、iDeCoの税制優遇がお得！

 前ページで新NISAは払い出し・売却がいつでも可能なことから使い勝手がよいということを教えてもらいましたが、iDeCoにはiDeCoの魅力があるんですよね？

 もちろんです。**iDeCoの最大の魅力は税制優遇の手厚さ**です。新NISAの税制優遇が運用時に限られているのに対して、iDeCoでは、さらに積立時、受取時も含めた3段階で手厚い優遇を受けることができます。

 つまり、税制メリットの面で見ると、iDeCoのほうが新NISAよりも断然お得ということですね？

 その通りです。特に積立時の税制メリットは大きく、掛金全額が所得控除の対象となるため、所得税と住民税の負担を軽減することができます。そのため、老後資産を形成するための長期投資の場合にはiDeCoを利用するほうが適しています。

 じゃあ、私も新NISAだけでなく、iDeCoもすぐに始めたほうがいいのではないでしょうか？

新NISAとiDeCoのメリットとデメリット

		新NISA		iDeCo
口座開設	◎	・スマホで10分、 　開設までの期間は1週間程度※1	△	・スマホと郵送の組み合わせ、 　開設までの期間は2カ月程度
利用商品の 選択	◎	・つみたて投資枠は 　厳選された200程度の 　商品から選べばよい	○	・投資商品が嫌なら定期預金も 　チョイス可能。 ・投資信託は機関ごとに厳選
税制優遇	○	・運用益と分配金が非課税	◎	・運用益・分配金が非課税 ・毎年の掛金が全額所得控除の対象 ・受取時も退職所得控除・公的年金 　等控除の対象
手数料	◎	・金融機関の手数料はゼロ ・保有時の投資信託の信託 　報酬も低い	△	・加入時：2829円、 ・運用時：収納手数料105円/回 　　　　　事務委託手数料66円/月 ・受取時：440円/回
払い出し・売却	◎	・いつでも可能	△	・60歳まで引き出せない

※1　つみたてNISAの場合

 もちろん、老後のお金を貯めるうえでは、iDeCoを早く始めたほうが有利です。しかし、まだ日常の生活費にそこまで余裕のない場合には、急いでiDeCoを始める必要はありません。毎月の掛金で生活が圧迫されてしまっては本末転倒なわけで、**iDeCoで無理して老後のお金を貯める前に、新NISAで住宅購入費や教育費など10〜20年以内にかかるお金を貯めたほうが賢明でしょう。**

 なるほど。

 また、**新NISAは口座開設の手間が少なく、手数料もiDeCoより安く、気軽に利用することができます。**そうした点からも、20〜30代の若い世代におすすめの制度なんです。

将来的には
どちらも、やらない
手はない！

04 新NISAの1800万円枠はどう考えればいいの？

POINT

☑ 新NISAは非課税期間が無期限で一生涯利用できる

☑ 商品を売却すれば、売却した金額分の非課税枠が復活する

 先生のお話を聞いて新NISAから始めることにしました！　そこで、新NISAの具体的な利用方法についてもお聞きしたいです。

 これまでのつみたてNISA、一般NISAは期限付きでしたが、**新NISAは制度が恒久化され、非課税期間も無期限になります。つまり、一生涯NISAの非課税メリットを享受し続けられる**というわけ。ただし、期限は無期限といっても、新NISA制度を使って投資できる上限の金額は1800万円と決まっています。

 生涯の非課税枠が1800万円と定められているということは、一生涯利用し続けることはできないんじゃないでしょうか？

 それが違うんです。**新NISAでは非課税枠の再利用が可能で、商品を売却するとその分が非課税枠として復活するようになる**ので、ご安心ください。

 非課税枠が復活するとは、どういうことですか？

 例えば、新NISAで600万円を積み立てていた人が、それをすべて売却し、住宅購入の頭金として利用したとしましょう。

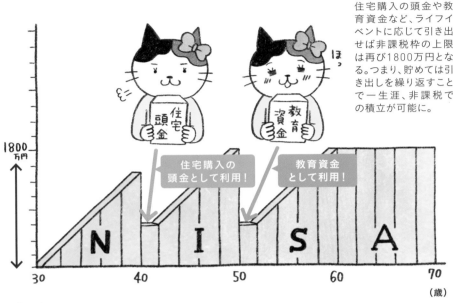

新NISAは一生涯利用できる！

住宅購入の頭金や教育資金など、ライフイベントに応じて引き出せば非課税枠の上限は再び1800万円となる。つまり、貯めては引き出しを繰り返すことで一生涯、非課税での積立が可能に。

住宅購入の
頭金として利用！

教育資金
として利用！

 まさに、私たちの世代でありそうなことです！

 すると、利用できる非課税枠の上限は再び1800万円となり、いちから積立を始めることができるというわけです。

 ということは、**貯めては引き出しを繰り返すことで、一生涯にわたって非課税での積立ができる**ということですね！

 その通り！　また、非課税期間は無期限なので、投資期間をいちいち気にする必要もありません。**例えば、家計が苦しいタイミングでは積立をいったんストップし、余裕が出てきたときに積立を再開するという使い方もしやすくなる**わけです。

 新NISAは本当に使い勝手のよい制度なんですね！

「新NISA」で いくら貯められる?

POINT

- ☑ 投資信託の積立は、平均運用利回りが高い。
  しかし、長い目で見る必要がある

- ☑ 新NISAは、必要に応じて途中で引き出せるのがメリット。
  ただし、途中で引き出せば大きく増えない可能性もある

 ウチは夫婦で70歳くらいまでは働き続けたいと思っているんですが、例えば今から始めて、今後30年間積立を続けたら、いったいどれくらいのお金が貯まるのですか?

 新NISAのつみたて投資枠を利用して、毎月3万円を投資信託で30年間積み立てるといくらになるか計算してみましょう。

 ま、まさか元本割れなんてことも……。覚悟が必要でしょうか(泣)?

 残念ながら、積み立てている途中で、相場が下落する場面もあると思います。ただ、一般的に20年以上積立投資を続けると、**元本割れしにくいというデータもある**んですよ。

 なるほど! 長い目で見るってことですね。短い期間で相場が上がったり下がったりすることに一喜一憂しないようにしようっと!

 ここでは、30年間の試算を、一般的な平均運用利回りで計算してみましょう(右上グラフ参照)。

 えっ! 毎月3万円を30年間積み立てると、**3254万円になるかもしれないんですか!!**

新NISAのつみたて枠で月3万円を30年積み立てると？

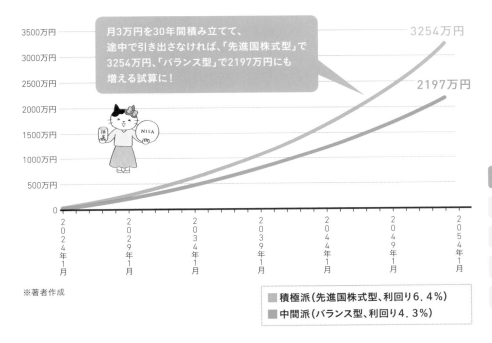

月3万円を30年間積み立てて、途中で引き出さなければ、「先進国株式型」で3254万円、「バランス型」で2197万円にも増える試算に！

3254万円

2197万円

※著者作成

■ 積極派（先進国株式型、利回り6.4％）
■ 中間派（バランス型、利回り4.3％）

この試算は積極派＝先進国株式型投信（平均運用利回り6.4％）、中間派＝バランス型投信（平均運用利回り4.3％）のパターンで30年間積み立てた数字です。あくまで20年以上など、長期で積み立てないとこの結果になるのは難しいんですよ。ちなみに積立元本は1080万円なので、3254万円に増えても投資枠の範囲内です。

新NISAの場合、途中で引き出してしまうとなかなか増えないかも。

必要に応じて住宅購入の頭金や、子どもの進学費用などとして引き出す可能性も高いですからね。でもそれでOK！　**いつでも引き出せるのはiDeCoにはない大きなメリット**です。

新NISAとiDeCoの違い、教えてください！

iDeCoは
いつ始めればいい?

☑ iDeCoを始めるのはライフイベントが一段落してからでOK!

☑ 50歳からiDeCoを始めても、充分な金額を貯められる

 やはり節税メリットの話などを聞くと、新NISAだけでなく、いずれはiDeCoも始めたいと思うのですが……。

 もちろん、iDeCoも絶対活用すべきです。人生100年時代とも言われる今、老後2000万円問題なども話題になりました。老後資金の重要性はますます高まっています。こうした状況下で、**手厚い税制優遇を受けながら老後資産を形成できるiDeCoを利用しない手はない**でしょう。

 でも、iDeCoを始めるタイミングは"今"ではないということですよね?

 はい。ミケ子さんはまだ30代。子どももまだ小さいですから、当面は新NISAで住宅購入費や教育費など、近い将来に必要になるお金を貯めることに専念し、その後にiDeCoを始めたほうがよいでしょう。

 それでは、具体的にiDeCoはいつごろから始めるといいのでしょうか?

新NISAとiDeCoはいつ始める？

人生のあらゆる
イベント資金を
貯める

 20代 30代 40代 50代 60代 70代

新NISA ——— ずっとやる！

iDeCo ——— 老後が気になり始めたらスタート

・住宅購入が済み、ローン返済額のイメージがついたら
・教育資金がいくらかかるかイメージがついたら
スタート！！

 これからのミケ子さんの10〜20年間は、住宅購入や子どもの進学など様々なライフイベントが満載です。iDeCoを始めるのは、こうしたライフイベントが一段落し、老後資金のことが本格的に気になり始めてからでも遅くはありません。**具体的には、住宅購入が終わり、子どもの教育費の目途がついた頃が、iDeCoを始めるタイミングと言えるかもしれません。**

 でも、そうなると、iDeCoを始めるのは40代、へたをしたら50代になってしまうかもしれません。

 だとしても、全く問題はありません。**iDeCoは65歳まで加入できますから、50歳から始めたとしても15年間加入することができます。例えば、毎月5万円を2％の利率で15年間運用すると約1049万円になります。**これなら、老後生活を送るうえで充分に助けになってくれる金額ですよね。もちろんもっと早く始めるとベターです。

 慌てて始める必要は全くないということですね！

そもそもなんですけど、投資信託って信用できるの？

☑ 投資信託は投資対象を組み合わせたパッケージ商品

☑ 投資初心者はインデックス型がおすすめ

 私、投資にうといこともあって、そもそも投資信託について詳しくわかっていないのですが……。

 投資信託は、投資家から集めた資金を一つにまとめ、資産運用の専門家（ファンドマネジャー）が運用を代行し、出た利益を投資家に還元するという金融商品です。**国内株式の個別銘柄（個別株）だと50万円以上など、1銘柄を購入するにも高額が必要な場合も多いですが、投資信託なら100から200もの銘柄を一つにパッケージしており、1000円からでも買えます。**

 自分で直接投資するのは大変ですが、パッケージになっていて、少額で投資できると気軽ですね。

 投資信託の詳しい説明はまた第4章でしますが、ここでざっくりでも覚えてほしいのが、投資信託の3つのタイプです。まず、**新NISAで主にラインナップされているのが「インデックス型」です。これは、決められた市場と同じ値動きを目指すタイプで、大きなリターンが期待できない一方で、値動きがわかりやすく、手数料も割安。投資初心者にもおすすめ**できます。

 なるほど。投資にうとい私にぴったりのタイプですね。

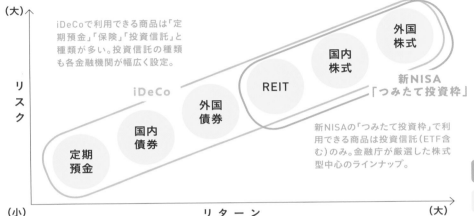

（大）

リスク

iDeCoで利用できる商品は「定期預金」「保険」「投資信託」と種類が多い。投資信託の種類も各金融機関が幅広く設定。

iDeCo

定期預金

国内債券

外国債券

REIT

国内株式

外国株式

新NISA「つみたて投資枠」

新NISAの「つみたて投資枠」で利用できる商品は投資信託（ETF含む）のみ。金融庁が厳選した株式型中心のラインナップ。

（小）　　　　　リターン　　　　　（大）

新NISAやiDeCoで買える投資信託のタイプ

★★ インデックス型

日経平均株価などの指標と同じ値動きを目指す。投資初心者でも値動きがわかりやすい（※1）

★ アクティブ型

株価指数などの指標を上回る利益を目指す投資信託。信託報酬がインデックス型より高め

★★★ バランス型

国内外の株式、債券、不動産などの資産に分散投資ができる

★…初心者におすすめ度　　※1　ETF（上場投資信託）も含まれる

一方、**ファンドマネジャーが独自の投資方針に沿って運用するのが「アクティブ型」です。こちらは、大きなリターンが期待できる一方で、リスクや手数料は高め**です。

最初は怖いから、安全な商品から始めようかな。

それなら、**1本で複数の資産、地域を組み合わせて投資する「バランス型」というのもあります。分散性の高さが魅力**ですね。

1
2
3
4
5

新NISAとiDeCoの違い、教えてください！

投資する前にまず
手取り月収の6カ月分を貯めよう

　将来のために積立投資を始めることは、とっても大事なことですが、だからといって、貯蓄ゼロなのにいきなり投資を始めるのは考えもの。積立投資で貯めるお金は基本、将来のためのものなので、切り崩さないのがセオリーだからです。ただ、実際に生活をしていると、生活費が不足したり、冠婚葬祭があったり、突然の出費にも備える必要があります。

　そこで、まずは手取り月収の1カ月分を預貯金で貯めるところからスタートしましょう。1カ月分貯められれば、貯蓄体質が身についたも同然。さらに、手取り月収の3～6カ月分を貯めて、病気による長期療養や失業といった不測の事態にも備えられる手持ち金を用意しましょう。ここまできたら、生活防衛費は準備万端！　満を持して、積立投資の世界へと、レッツ・チャレンジ！

投資の前にまず、生活防衛費を貯めよう

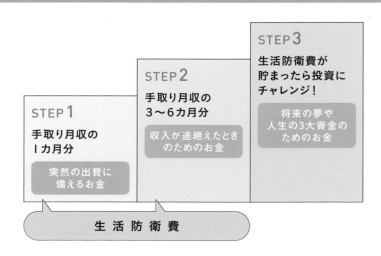

STEP 1
手取り月収の
1カ月分
突然の出費に
備えるお金

STEP 2
手取り月収の
3～6カ月分
収入が途絶えたとき
のためのお金

STEP 3
生活防衛費が
貯まったら投資に
チャレンジ！
将来の夢や
人生の3大資金の
ためのお金

生活防衛費

第 **2** 章

サクッとわかる！
新NISAの
賢い使い方

ライフステージごとに必要になる
大きな出費に活用できる「新NISA」。
大きく変わった制度の特徴を理解して
乗り遅れないようにしましょう。

NISAって何がそんなに お得なんですか?

.... POINT ....

☑ 投資で得た利益に対して税金がかからない!

☑ 低金利の銀行預金ではお金はほとんど増えないけど、 NISAで積み立てれば、大きく増やせる可能性がある!

 う〜ん、投資は損することもありますよね。私、どうしても損したくないです。**預金をしておくだけではダメですか?**

 実は**「損したくない」と思っている人こそ、NISAや iDeCoをやるべき**なんです。特に、NISAはお金が必要になったときにいつでも引き出すことができるから、**預金代わり**に使うことができますよ。

 NISAを預金の代わりに? それは考えつかなかったです!

 お給料3カ月分くらいの生活防衛費は預金に置いておく必要はありますが、それ以上のお金が貯まったら、積極的にNISAで運用するといいですね。預金と比較したNISAの最大の魅力は**「非課税メリット」**です。

 非課税? 詳しく知りたいです!

 非課税メリットとは、文字通り**税金がかからない**ということ。通常、金融商品で得た利益には約20%の税金がかかりますが、NISAの運用で得た利益には税金がかかりません。銀行に預金をしていると利息がもらえますが、実は利息も税金を引かれています。

月1万円ずつ金利1%で積立をした場合

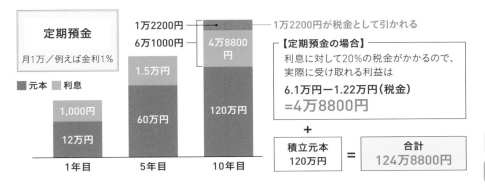

定期預金
月1万／例えば金利1%

■ 元本　■ 利息

1年目：12万円／1,000円
5年目：60万円／1.5万円
10年目：120万円／4万8800円・6万1000円

1万2200円が税金として引かれる

【定期預金の場合】
利息に対して20%の税金がかかるので、
実際に受け取れる利益は
6.1万円ー1.22万円（税金）
=4万8800円

＋

| 積立元本 120万円 | ＝ | 合計 124万8800円 |

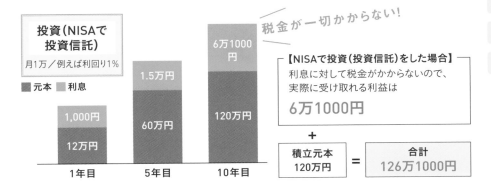

投資（NISAで投資信託）
月1万／例えば利回り1%

■ 元本　■ 利息

1年目：12万円／1,000円
5年目：60万円／1.5万円
10年目：120万円／6万1000円

税金が一切かからない！

【NISAで投資（投資信託）をした場合】
利息に対して税金がかからないので、
実際に受け取れる利益は
6万1000円

＋

| 積立元本 120万円 | ＝ | 合計 126万1000円 |

そういえばこの間、利息をもらって銀行残高が5円だけ増えていましたけど、こんなちょっぴりでも税金を引かれていたんですね！

仮に、銀行預金とNISAにそれぞれ月1万円ずつ、10年間積み立てて、どちらも年利1%で運用できたとすると、**銀行預金でもらえる利益は税金を引かれた後の4万8800円。それに対し、非課税のNISAでは6万1000円の利益を手にすることができるんですよ！**

投資が怖い人はコツコツ積立投資からってなぜ?

POINT

☑ 安定運用のためのキーワードは「長期・積立・分散」

☑ 「見極めない投資」をコツコツと続ければ、世界経済の成長の波に乗れる!

 ミケ子さんのように、投資で損をしたくないという人にもってこいの投資術があります。キーワードは「**長期・積立・分散**」の3つです。

 3つなら覚えられそう♪

 まずは1つ目のキーワード「長期」について解説します。右上のグラフはスタンダードな国際分散投資を5年間続けた場合と20年間続けた場合の収益の差を表したものです。

 保有期間5年のほうは、収益がマイナスの赤い棒がありますね。

 ミケ子さんの言う通り、**保有期間が5年だと、収益がプラスになる可能性もあるけれど、マイナスになる可能性もある**のです。

 あ、でも保有期間20年のほうは赤い棒がありません!

 保有期間20年になると、収益率がプラスになりやすいと言われています。これこそが長期投資の効果で、**運用を長期的に行うほど、収益がプラスの方向に安定する可能性が高くなる**ということです。

 そうなんですか!

保有期間５年

出現頻度

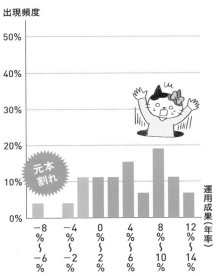

元本
割れ

運用成果(年率)

保有期間２０年

出現頻度

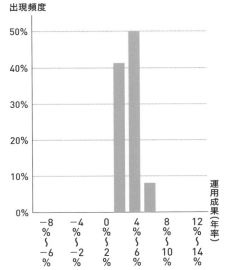

運用成果(年率)

出所：金融庁「つみたてNISA早わかりガイドブック」
https://www.fsa.go.jp/policy/nisa/20170614-2/14.pdf

次に、2つ目のキーワード「積立」についてです。例えばミケ子さんがある会社の株式を購入するとしたら、どのようなタイミングで投資すればいいと思いますか？

やっぱり、株価が下がったタイミングです！　でも、株価が下がったらますます下がるんじゃないかと思って躊躇しちゃいそう……。

そうですよね。安い時に買ったからといって、その後値上がりするという保証はありません。投資のタイミングを見極めるのはとっても難しいんです。だから、**見極めない投資**をすればいいんです。

もしかして、さっき言ってたドル・コスト平均法（P7）のことですか？

その通り！ 「毎回同じ金額」で「定期的に」投資することで、高い時には少ししか買えないけれど、安い時にはたくさん買えます。結果的に平均単価が下がり、収益が出やすくなる方法でしたね。

だから、積立投資が大事なんですね♪

最後のキーワードが「分散」です。右上のグラフは、過去20年間、それぞれ違う資産に投資した場合をシミュレーションしたグラフです。

ⒷとⒸは右肩上がりに増えていますね。

Ⓑは、**国内の株式と債券と2つの資産に分散投資**をしたケースです。**20年間で50％以上増えています**ね。さらに**国内だけではなく、先進国・新興国の3つの地域に1/6ずつ資産を分散**したⒸのケースでは、**20年間でなんと80％以上も増えています。**

こんなに違いが！ なぜこのような結果になったのですか？

一般的に、株式と債券は、どちらかの価格が上がればどちらかが下がる**「マイナスの相関関係」**があると言われています。株式と債券のように、値動きの異なる複数の資産に分散投資を行うことで、ある資産が値下がりした場合でも、他の資産の値上がりでカバーできるようになります。

お互いの弱点を補い合ってるのか〜。投資も、個人プレーではなくチームプレーが大切ということですね！

いい表現ですね！ 地域を分散させる場合にも同じことが言えます。投資する地域を分散させることで、**世界全体の経済成長の波に乗ることができます。**これこそが**「分散投資」**の効果なんです。

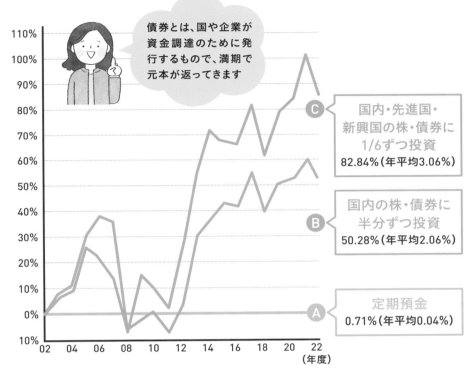

債券とは、国や企業が資金調達のために発行するもので、満期で元本が返ってきます

C 国内・先進国・新興国の株・債券に1/6ずつ投資 82.84%（年平均3.06%）

B 国内の株・債券に半分ずつ投資 50.28%（年平均2.06%）

A 定期預金 0.71%（年平均0.04%）

出所：金融庁「つみたてNISA早わかりガイドブック」
https://www.fsa.go.jp/policy/nisa/20170614-2/14.pdf

世界全体の経済成長だなんて、スケールが大きい〜！　大船に乗った気分です！

新NISAでも、リスクを抑えて収益を出しやすくするためには、**「長期・積立・分散**（※）**」**投資をするのが鉄則と覚えておきましょう！

※以下、本書で単に「積立投資」と表現する場合、「長期・積立・分散投資」のことを指します。

新NISAは
どこが変わったんですか？

POINT

☑ 「つみたて投資枠」と「成長投資枠」の併用が可能に！

☑ 年間投資額も合計360万円までと大幅アップ！

☑ 恒久化で一生涯利用できる制度になる

 およそ10年前に誕生したNISAですが、**2024年から新制度へと生まれ変わります**。新しいNISAでは**「つみたて投資枠」**と**「成長投資枠」**が設けられ、**同時利用が可能**です。これまで、つみたてNISAと一般NISAは併用できませんでしたが、その不便さを解消したということですね。

 えーっと、2つの枠はどう使うのですか？

 つみたて投資枠は、言葉通りコツコツ積み立てるものです。**つみたて投資枠で購入できるのは、これまでのつみたてNISAと同様、中長期の運用に適した投資信託のみ**。一方、**成長投資枠は株式の購入もできますし、つみたて投資枠で決められた投資信託以外にも自由に投資できます。**

 年間投資額も増えますか？

 大幅にアップします。**つみたて投資枠では120万円、成長投資枠では240万円、年間合計360万円までの投資が可能です。**

 360万円も！　私には枠を使い切るのは無理そう！

どんな人が利用できる？

18歳以上

投資できる期間は？

一生涯（無期限）

毎年いくらまで投資できるの？

つみたて投資枠は120万円（月10万円）
※成長投資枠は年240万円

口座はいくつ持てるの？

1人1口座
（つみたて投資枠と成長投資枠の2勘定）

いくらでも投資していいの？

一生涯で元本1800万円分までOK

引き出すとどうなる？

その分の再利用が可能（簿価残高方式）

大きくなった枠の分を使い切ろうとせず、自分のできる範囲で活用すればOKです。さらに制度が**恒久化され、一生涯利用できる**ようになりました。また、生涯投資枠1800万円が設けられ、積立額の一部を引き出すと、その分投資枠が復活して再利用できます。

積み立てては引き出し、また積み立てる……と利用できて便利そうです！

つみたてNISAで投資した資産は新NISA以降どうなりますか?

POINT

- ☑ これまでのNISAの資産は新NISAには移行されない
- ☑ 2024年以降もこれまでのNISAの資産は非課税期間終了まで非課税で保有できる

 これまでのNISAでは、一般NISAは5年、つみたてNISAは20年という非課税期間の定めがありました。そのため、非課税期間終了後、引き続きNISA口座で保有したい場合には、次の年のNISA枠へ資産を移す手続き(ロールオーバー)が必要でした。

 なんだか面倒ですね……。

 新NISAでは、非課税期間が無期限なので、ロールオーバーという考え方自体がなくなりました。**購入した商品を好きなタイミングで売却**するだけなので、**格段に運用が楽になります。**

 ず〜っと運用が続けられるから、積立投資にもってこいの制度ですね。

 そう、それが新NISAの大きなメリットの一つです。

 これまで一般NISAやつみたてNISAで保有していた資産は、新NISAに移るんですか?

 残念ながら、**つみたてNISAや一般NISAの資産を新NISAに移すことはできません。**

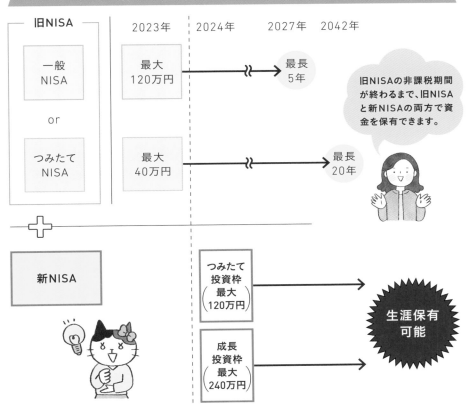

旧NISAと新NISAのスケジュール

| 旧NISA | 2023年 | 2024年 | 2027年 | 2042年 |

一般NISA　最大120万円　→　最長5年

or

つみたてNISA　最大40万円　→　最長20年

旧NISAの非課税期間が終わるまで、旧NISAと新NISAの両方で資金を保有できます。

新NISA

つみたて投資枠（最大120万円）→ 生涯保有可能

成長投資枠（最大240万円）→ 生涯保有可能

えー！　そしたら、急いで売らないといけないんですか？

そんなことはありません。**非課税期間終了まではそのまま保有できます**。2023年に一般NISAを利用した場合には2027年まで、つみたてNISAを利用した場合には2042年までは非課税で運用ができます。

そっか、新NISAが始まるからといって、旧NISAの非課税期間がいきなり終了するわけではないんですね。

さらに、これまでのつみたてNISAを使用している場合、2024年になると新NISA口座が同じ金融機関に自動的に開設されます。

 開設手続きをしなくてもいいんですね！　それは助かる〜！

 先ほど言ったように、新NISA口座が自動で開設された後も、これまでのNISAの資産は非課税期間終了までそのまま保有できます。つまり、2024年以降はこれまでのNISAと新NISAのそれぞれに資産を保有しておけるということです。

 一時的にせよ、新旧両方のNISAで資産を持っておけるなんてお得な感じ♪　だけど、非課税期間が終了するとどうなるのでしょう？

2023年中につみたてNISAを始めると非課税枠は？

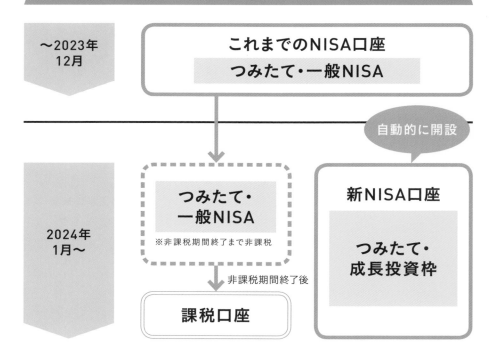

以前のNISAで購入した商品を非課税期間終了後も引き続き保有するのなら、その時の時価で課税口座へと移すことになります。

え〜と、つまり2023年に投資した一般NISAの資産は2028年から、つみたてNISAの資産は2043年から課税口座に移されるということですね。

はい。しかし、非課税がメリットのNISAなのに、課税口座へ移してしまうのは、それまでの運用成果を棒に振るようなものです。そうならないよう、以前のNISAを利用していた人は、非課税期間終了までに、値上がって売却できるタイミングがあればベストですね。

C O L U M N

新NISAのスタートに合わせて金融機関を変更するには？

すでに旧NISAを利用している人の中には、新NISAに合わせて株式投資をしたい、ラインナップが充実した金融機関に移りたいといった理由から、金融機関の変更をしたいと考えている人もいるでしょう。まず、金融機関変更の基本ルールは以下の3つです。

□ NISA口座は年単位で金融機関の変更が可能

□ 金融機関の変更は、変更する年の前年の10月1日〜変更する年の9月30日までに手続きを完了する必要がある

□ 変更する年の1月1日以降、変更前の金融機関のNISA口座で買い付けがあると、その年分については金融機関を変更できない

これら3つの基本ルールを踏まえ、新NISAに合わせて金融機関の変更を行うケースを2パターン見ていきましょう。

①2023年に旧NISAで買い付けをしていない場合

➡ すぐに手続きが可能です。2023年9月末までに手続きが完了すると、2024年から新しい金融機関で新NISAを開始できます。旧NISAを利用していた金融機関に発行してもらう書類もあるので、早めに手続きを済ませましょう。

②2023年に旧NISAで買い付けをしている場合

➡ 金融機関の変更手続きが2023年10月1日からできるようになります。ホームページなどをチェックし、案内の開始を待ちましょう。

新NISAの生涯投資枠って いったい何ですか？

POINT

☑ 非課税で保有できるのは最大1800万円。
ただし、成長投資枠で利用できるのは1200万円まで

☑ 資産を売却すれば、投資枠が翌年に復活！

 新NISAでは、つみたて投資枠の120万円、成長投資枠の240万円という年間投資枠の他に、**生涯投資枠**という新しい考え方が採用されました。

 生涯投資枠？　詳しく教えてください！

 その名の通り、生涯で投資できる金額が決まっていて、**最大1800万円**となっています。例えば、年120万円をつみたて投資枠に投資していけば、15年間で1800万円になります。上限に達すると、これ以上NISA口座は利用できません。

 じゃあ、超えないようにしなきゃ！

 ただし、生涯投資枠の注目すべきポイントは、**資産を売却した分の枠は、翌年に復活して再利用できる**という点です。

 復活？　じゃあ、また投資できるようになるんですか？

 はい。仮に1800万円を使い切っても、500万円分の資産を売却すれば、その翌年から500万円分の投資枠が再び利用できます。ただし、年間投資枠を超える投資はできません。

500万円分
売却

翌年に
500万円分の
投資枠が復活！

1800万円
（生涯投資枠）

1300万円

仮に、年120万円をつみたて投
資枠に投資した場合、15年目
で生涯投資枠の1800万円を
使い切ってしまうが……

15年目　　　　16年目

新NISAの生涯投資枠の考え方

生涯投資枠 1800万円

つみたて投資枠 制限なし　　　成長投資枠 1200万円まで

 長い期間で運用を考える私たちにとっては嬉しいルールですね。

 注意したいのが、1800万円のうち、**成長投資枠で利用できるの
は1200万円まで**というルールがあることです。一方、**つみたて投
資枠にはこの制限はありません**。つまり、つみたて投資枠だけで
1800万円を利用することもできるし、成長投資枠で1200万円を
利用したのなら、つみたて投資枠では残りの600万円しか利用で
きないということになります。

 わかりました！　しっかり覚えておきます！

2

サ
ク
ッ
と
わ
か
る
！
　
新
N
I
S
A
の
賢
い
使
い
方

つみたて投資枠の商品が初心者向きなのはなぜ?

POINT

☑ つみたて投資枠で購入できるのは国が厳選した投資信託のみ

☑ 投資初心者ならまずはインデックス型を積み立てよう

 実は、**つみたて投資枠**では、金融庁が厳選した「**長期・積立・分散**」投資にぴったりな投資信託が揃っているんです。

 へ〜! どのような基準で選ばれているんですか?

 なんといっても**手数料が安い**ことです。通常、投資信託は購入時・保有中・売却時といったさまざまなタイミングで手数料がかかります。特に保有中にかかる「信託報酬」というコストは、運用期間が長期になるほど資産への影響が大きくなります。そのため、つみたて投資枠では、資産が目減りするのを避けるために、手数料の安い投資信託が選ばれています。

 それはうれしい!

 売却するまで分配金が支払われずに再投資する「無分配型」の投資信託が揃っているのも特徴です。複利の効果を得るためには、頻繁に分配金を支払う投資信託よりも、利益を元本に組み込む無分配型の投資信託のほうが効率的なんです。複利効果についてはP108で解説します。

 わかりました♪

つみたて投資枠対象商品の特徴

厳選された商品

投資信託、ETFとも金融庁が選んだものだけ!

基本はすべて株式インデックス型

基本は株式に投資するインデックス型。アクティブ型は厳しい条件をクリアしたものだけが用意されている

長期で増える

分配金が支払われず再投資する「無分配型」が中心

購入時などの手数料ゼロ

投資信託はすべて売買手数料無料。
解約手数料、口座管理料も無料
(ETFは売買手数料1.25%以下)

保有中にかかる手数料が割安

信託報酬に上限ルールがあり、保有中の手数料負担が少ない

・インデックス型/バランス型
　国内資産対象0.5%以下
　海外資産対象0.75%以下

・アクティブ型など
　国内資産対象1%以下
　海外資産対象1.5%以下

つみたて投資枠対象投信

合計 245本	インデックス型/バランス型 207本	アクティブ型 30本	ETF 8本

※2023年7月12日時点

あと、第1章で「インデックス型」「アクティブ型」「バランス型」の3つの投資信託をご紹介しました。それに加え、つみたて投資枠では「ETF」も購入が可能です。あらためて、特徴を解説しますね。

しっかり聞いておくので、ぜひ説明お願いします!

つみたて投資枠で購入できるのはインデックス型の投資信託が中心。例えば、日経平均株価や東証株価指数(TOPIX)といった**指数と値動きが連動する投資信託のことで、値動きがわかりやすく、信託報酬が低め**です。割安なコストで経済成長の波に乗って資産を増やせる可能性があるという点で、**投資初心者にはおすすめ**なんです。

インデックス型は、私のような初心者向きということですね。

 インデックス型に対し、**アクティブ型**の投資信託もあります。**指数を上回る値動きを目指す設定で、インデックス型よりもリスクや信託報酬は高め**。でも、つみたて投資枠対象の投資信託なら条件をクリアしたものなので、初心者でもトライする価値はあります。

 大きなリターンを得られる可能性もあればその逆もあるってことか！

 もう一つの**バランス型**は、**1本で複数の資産・地域を組み合わせて投資をするタイプ**。その名の通り、国内外の株式や債券などをバランスよく組み入れた商品です。

 債券って何ですか？

 国や企業などが資金を調達する時、お金を借りる代わりに発行する借用書のようなものです。一般的に、株式よりも安全性が高いと言われています。つみたて投資枠対象の投資信託は、株式型が基本なので、**債券を組み入れたいならバランス型**を選びましょう。

 より慎重な人向けってことですか？

 そうとも言えます。最後のETFは、指数と連動するように運用されている投資信託の一種です。

 インデックス型と同じもののように感じるのですが？

 鋭い指摘ですね。インデックス型もETFも、指数との連動を目指すという点は同じです。**違いは、金融商品取引所に上場しているかど**

つみたて投資枠で積み立てられる投資信託の種類

インデックス型 ★★

日経平均株価などの指標と同じ値動きを目指す投資信託。市場の動きと連動しているため、投資初心者でも値動きがわかりやすい

アクティブ型 ★

株価指数などの指標を上回る利益を目指す投資信託。運用会社で調査や分析を行いながら運用するため、信託報酬がインデックス型より高め

バランス型 ★★★

国内外の株式、債券、不動産などの資産がセットになった投資信託。1本で分散投資ができる

ETF ★

上場しているインデックス型の投資信託のこと。証券取引所を通じて取引されるので、株式同様、市場が開いている間は値動きしており、リアルタイムで購入可能。運用コストは低めに抑えられている

★…初心者におすすめ度

うか。ETFは、「上場投資信託」という意味で、**上場している投資信託**なんです。

上場していると、いいことがあるんですか？

インデックス型をはじめとする投資信託は1日1回、取引時間終了後に基準価額が決まります。だから、投資家は売買の注文をした時点では正確な基準価額がわかりません。一方、ETFは株式と同じように、取引時間内に値動きを見ながら売買ができます。

自分の希望する価格で取引できるということですね。

その通り。ただ、積立投資では頻繁に売買はしませんよね。積立投資の場合は、インデックス型でもETFでも指数に連動して低コストで運用できるので、どちらを選んでも大丈夫です。

07 金融機関は どこを選べばよい？

POINT

☑ サポート重視なら銀行、投資の自由度を
重視するなら証券会社

☑ 今後、投資の幅を広げたいならネット証券がオススメ！

 さて、新NISAを始めるには、まずは金融機関にNISA専用口座を開設する必要があります。

 金融機関というと、銀行や証券会社ですよね。どうやって選べばいいですか？

 自分の投資スタイルによって選ぶ金融機関は違ってくるんですよ。

 私はコツコツ積立投資をしたいです！

 ミケ子さんのように、**じっくり投資信託を積み立てていくという人なら、銀行・証券会社のいずれでもOK**。一方、**株式も購入したいという人なら、証券会社**という選択になります。銀行では株式は購入できませんからね。

 そうなんですね！　銀行・証券会社どちらでもいいと言われると、迷っちゃうなぁ……。

 一般的に、**直接相談できてサポートが手厚いのが銀行。商品ラインナップが豊富で自由度が高いのが証券会社**です。

金融機関はどう選ぶ?

「投資信託の積立」で
コツコツ資産運用派に
おすすめなのは

銀行

給与振込口座
で行える

ゆうちょ銀行

近所にあって
相談しやすい

証券会社

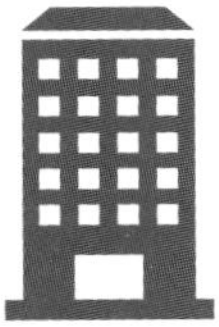

投資商品の
バリエーションがある

「投資信託の積立&
株式に一括投資」で
二刀流派におすすめなのは

証券会社

対象商品は
100本以上

ネット証券なら
24時間365日注文できる

金融機関によるメリット・デメリット

	銀行	ネット証券
投資信託の手数料がゼロ	○	○
口座管理料がゼロ	○	○
投資信託のラインナップが豊富	△	◎
気軽に相談しやすい	◎	△
株式投資ができる	×	○

サポートが
手厚いのは銀行、
商品の豊富さなら
ネット証券!

初めての投資だから、サポートが手厚いって魅力的!

銀行なら、店舗に行けば対面で相談に乗ってもらえます。対面型の証券会社でも相談に乗ってもらえますが、普段からなじみのある銀行と比べると、ちょっとハードルが高いかもしれませんね。**給与**

振込口座の銀行を選べば、資金を移動させる手間が省けるという
メリットもあります。

 ゆうちょ銀行でも新NISAはできますか？

 できますよ。ゆうちょ銀行なら全国にあるので、近所の店舗で相談
できますね。

 それって安心かも！

 ただ、**銀行でも証券会社でも、コールセンターが設置**されています。
店舗のないネット証券も同様です。電話でも充分だと考えるのな
ら、銀行にこだわる必要はないかもしれません。それよりも、**将来的
に投資の幅を広げたいと考えているのなら、商品ラインナップを重
視しましょう。**

 金融機関によって取り扱う商品も違うんですよね。

 そうなんです。銀行だとつみたて投資枠の対象商品は数本〜数十
本程度というのが一般的ですが、**ネット証券なら100本以
上**取り揃えているところが多いです。**積立金額や積立のタイミング
も、証券会社のほうがバリエーションが多い**ですね。

 100本も！　電話でサポートが受けられるなら大丈夫なのかな〜。

 コールセンターの受付時間は金融機関によって違います。夜は何時
までなのか、土日はやっているのかなどはチェックしておきましょう。

 わかりました！

新NISAの口座開設候補となる金融機関の例

	金融機関	つみたて投資枠取扱商品数	最低積立額	積立のタイミング	相談窓口
ネット証券	SBI証券	193本	100円	毎月・毎週・毎日	・コールセンター 受付時間：平日 8:00～17:00 土・日曜 9:00～17:00 （年末年始を除く）
ネット証券	楽天証券	192本	100円	毎月・毎日	・コールセンター 受付時間：平日 8:30～17:00 （土日祝・年末年始を除く）
ネット証券	マネックス証券	167本	100円	毎月・毎日	・コールセンター 受付時間：平日 8:00～17:00
銀行	みずほ銀行	10本	1000円	毎月のみ	・銀行窓口：全国のみずほ銀行店舗 ・コールセンター 受付時間：平日 9:00～17:00 （12月31日～1月3日、土日・祝日・振替休日は除く）
銀行	イオン銀行	20本	1000円	毎月のみ	・銀行窓口：全国のイオン銀行店舗 ・コールセンター 受付時間：平日 9:00～18:00 （投資信託専用ダイヤル）

※2023年5月時点。つみたて投資枠の取扱商品数は、2023年5月時点の「つみたてNISA」の取扱商品数

C O L U M N

新NISAで購入できる商品は？

新NISAでは、つみたて投資枠、成長投資枠どちらも、購入できる商品を金融庁が定めています。金融機関によって商品のラインナップが異なるのは、金融庁が定めた商品の中から、さらに各金融機関が取り扱う商品をそれぞれ決めているからなのです。

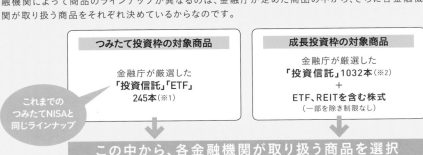

つみたて投資枠の対象商品

金融庁が厳選した
「投資信託」「ETF」
245本（※1）

これまでのつみたてNISAと同じラインナップ

成長投資枠の対象商品

金融庁が厳選した
「投資信託」1032本（※2）
＋
ETF、REITを含む株式
（一部を除き制限なし）

この中から、各金融機関が取り扱う商品を選択

※1 2023年7月12日時点　※2 2023年6月21日時点。随時追加予定。

口座開設はスマホから
3ステップでラクラク完了!

口座開設って手続きが面倒そう……。でも、実は5分程度であっという間に済ませることができるのです。スマートフォン（スマホ）と本人確認書類を用意して、一緒に新NISAの準備を始めましょう!

※ここでは「つみたてNISA」の口座開設画面で解説

口座開設の手続きって、書類を用意したり郵送したり、面倒なことが多くないですか?

いいえ、そんなことないですよ。パソコンやスマートフォンから、いつでも申し込みができますし、本人確認書類も撮影した画像データを提出できるので便利です。

そっか、紙でのやり取りをしなくてもできるんですね。

右ページはスマホから楽天証券で申し込みをする際の手順です。楽天証券のサイトから申し込んで、手続きは①「メール送信」②「本人確認」③「お客様情報の入力」の3ステップで完了。最短5分でできちゃいます。

本人確認って、どうやるんですか?

楽天証券の場合、マイナンバーカードか運転免許証を選択すれば、スマホで本人確認が可能です。まずはマイナンバーカードか運転免許証の表と裏、厚みを撮影して、その次に自分の顔写真を撮影します。顔写真は静止画と動画の撮影が必要です。

たくさん撮影するんですね。難しそうだなぁ。

楽天証券の口座開設手続き

※2023年7月末現在、楽天証券スマートフォンサイトより

1 スマホからブラウザで「楽天証券」と検索、楽天証券ホームページから口座開設の申し込みをします。

> 申し込み手続き開始の案内メールが届いたら、7日以内に申し込みを完了させること！
> 完了せずに7日経過してしまうと、最初からやり直しになってしまいます

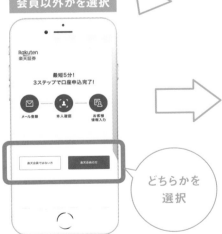

楽天会員か会員以外かを選択

どちらかを選択

2 楽天会員か会員以外のどちらかを選択します。楽天会員なら、ログインしてから手続きを進めます。

※楽天会員はメール送信が不要で本人確認へ進む

STEP.1 メール送信

> ここにメールアドレスを入れる。必ず自分のアドレスを入力すること

3 1ステップ目の「メール送信」に進みます。アドレスを入力して、送られてくるメールを確認しましょう。

59ページへ →

撮影前に、撮り方のコツをわかりやすくガイドしてくれるので難しくありませんよ。

運転免許証の盛った写真とすっぴんの顔写真じゃ、同一人物と認識してくれなさそう……（泣）。

（笑）。**そんな時は、顔写真の撮影なし、書類のアップロードだけで本人確認をする手続きに切り替えることもできます。**住民票の写しや健康保険証などの書類で手続きをする場合も、この方式になります。

2つの本人確認方法から選べるなら安心ですね。

ただし、顔写真で本人確認をする場合には最短翌営業日にログインIDが発行されますが、**顔写真なしの場合には、本人確認に5営業日程度かかります。**

スマホの操作が不安な私は、時間がかかっても後者かな。

もうひとつ気をつけたいのは、**NISA口座を開設するには、証券総合口座の開設も必要**ということ。ミケ子さんは総合口座を持っていないので、同時に開設手続きをしましょう。

証券総合口座？　はて、何のことですか？

証券総合口座という大きな枠組みの中で、「特定口座」や「一般口座」が開設されるというイメージです。「特定口座」は「源泉あり、なし」どちらかを選択できます。非課税の新NISA口座はこれらとは切り離すかたちで、別に開設されます（P61参照）。

本人確認をする

どちらかを
選択

顔写真を撮影する

本人確認書類
と同一人物か
の確認のため
顔写真の撮影
をする

4 メール記載のURLをタップすると、2ステップ目の「本人確認」に進みます。提出する本人確認書類を選択します。

5 本人確認書類の表・裏・厚みと、顔写真の静止画・動画を撮影します。撮影方法の説明通りにしましょう。

お客様情報の入力

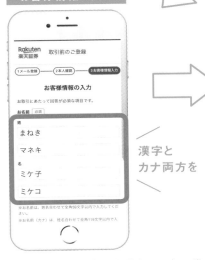

漢字と
カナ両方を

口座の種類を選択する

特定口座
(源泉徴収あり)
を選択すると
カンタン!

6 3ステップ目の「お客様情報の入力」に進みます。氏名・生年月日・住所・電話番号などを入力します。

7 証券総合口座を開設する際に、課税口座の種類を選択します。

次のページへ →

NISA口座の種類を選択

つみたてNISA
を選択

8 開設したいNISA口座を選択します。つみたてNISAにチェックを入れてから手続きを進めましょう。

楽天グループのサービス申し込みの選択

ここでは
楽天銀行の
口座開設を
一緒に
申し込める

9 楽天銀行や楽天カードといった楽天グループのサービスやiDeCoなどを同時に申し込むこともできます。

ログインパスワードを設定する

パスワード
を設定

10 口座開設後にログインするためのパスワードを設定します。今後表示されないので、忘れないようにしましょう。

規約を確認して同意する

11 最後に、規約などを確認します。これで手続きは完了！ 数日でIDが記載されたメールが送られてきます。

開設手続き
完了

後日、
初期設定へ

「お客様情報の入力」の段階で、課税口座の種類を「特定口座（源泉徴収あり）」「特定口座（源泉徴収なし）」「一般口座」（P59、手順7参照）の中から選択することになります。初心者におすすめなのは、確定申告を証券会社におまかせできる「特定口座（源泉徴収あり）」です。

証券総合口座では、必ず課税口座を開設しなきゃいけないんですか？

そうなんです。証券会社と取引する際、開設が必要になります。手続き自体は簡単ですが、もしわからないことがあれば入力画面の「？」マークをタップして用語解説を読んでみたり、問い合わせ窓口に電話したりしながら手続きを進めましょう。

空いた時間にスマホで口座がつくれるなんてらくちんですね！

証券総合口座のイメージ

証券総合口座

一般口座	特定口座 （源泉あり／なし）	新NISA口座 （つみたて投資枠／ 成長投資枠）

証券会社で基本となる口座が「証券総合口座」で、その枠の中に新NISA口座を開設するイメージです。新NISAで投資をしている分は運用益は非課税ですが、新NISA以外でも投資することを考えて、課税口座開設の際は特定口座を選択。その際、「源泉徴収あり」を選んでおくと、確定申告をする手間がなくなります。

「新NISA」口座での注文はどうやってするの?

POINT

☑ 投資信託の基本情報が載っている「目論見書」は、注文前に必ず目を通そう

☑ 複数商品を選択した場合でも一括で積立設定ができる

 早速、新NISA口座で注文をしてみましょう。ネット証券の楽天証券を例に、スマートフォンから注文してみます。

 画面が見やす〜い!

 まずは商品を選びます。楽天証券の場合、検索方法が4つあります。商品が決まっているのなら商品名を検索すればいいし、迷っているのならおすすめから選んでもいいですね。

 私はインデックス型の投資信託を2つ選んで……。「一括積立注文」をタップ!

 次の画面で、毎月の積立金額と投資信託の割合を設定します。ボーナス月の設定もこの時にできます。

 簡単に設定できますね! 何か気をつけることはありますか?

 注文を確定する前に、選んだ商品の**「目論見書」**の確認が必要です。目論見書は、投資信託の説明書のようなもの。**運用方針や手数料などの基本情報はしっかりチェック**しましょう。

投資信託の購入方法は？（楽天証券の場合）

※ここでは「つみたてNISA」の画面で解説

①積立をする投資信託を選ぶ

どれをタップしても投信は探せる

①投信名などから検索

②質問に答えて自分に合ったものを表示させる

③「堅実」「積極」「おまかせ」
　の3タイプ別におすすめが表示される

④つみたてNISA取扱全銘柄が表示

②選んだ投信をカートに入れて「一括積立注文」をタップ

タップ

③毎月の積立総額と選んだ投信の積立配分を設定する

注文完了

「つみたて投資枠」は
どのように積み立てる?

☑ 基本は毎月定額を積み立てる

☑ 枠を使い切る必要はないか、ボーナス月や
　年末に増額するなど最大限活用を

 では次に、新NISAの活用法を考えてみます。**新NISAでは、投資上限額がつみたて投資枠で年間120万円、成長投資枠で年間240万円と、大幅にアップしました。**

 しかも**併用できる**んですよね♪

 まず、**つみたて投資枠で購入できるのは、つみたてNISAと同じ商品**です。投資スタイルは、**積立に限定されていて、最低でも毎月の積立が必要**です。ネット証券なら、「毎日」や「毎週何曜日」という設定ができるところもあります。

 より細かく、分散投資ができますね!

 もちろん、上限額を全額使い切らなくても大丈夫。例えば右ページ図の①のように、毎月3万円ずつ積み立てて、**ボーナス月だけ上乗せ**するといった活用もできます。

 ボーナスってあると使ってしまうから、投資しちゃえばいいのか!

 一方、お給料が高い人や、定期預金にまとまったお金があって、その資金で投資したいという場合には、図の②のように**月10万円を**

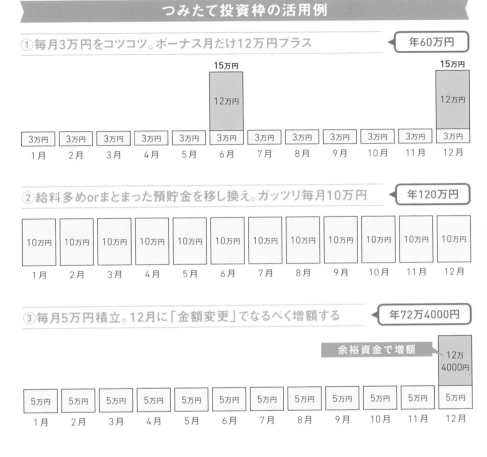

つみたて投資枠の活用例

① 毎月3万円をコツコツ。ボーナス月だけ12万円プラス — 年60万円

15万円					15万円						15万円
					12万円						12万円
3万円	3万円	3万円	3万円	3万円	3万円	3万円	3万円	3万円	3万円	3万円	3万円
1月	2月	3月	4月	5月	6月	7月	8月	9月	10月	11月	12月

② 給料多めorまとまった預貯金を移し換え。ガッツリ毎月10万円 — 年120万円

10万円	10万円	10万円	10万円	10万円	10万円	10万円	10万円	10万円	10万円	10万円	10万円
1月	2月	3月	4月	5月	6月	7月	8月	9月	10月	11月	12月

③ 毎月5万円積立。12月に「金額変更」でなるべく増額する — 年72万4000円

余裕資金で増額

											12万4000円
5万円	5万円	5万円	5万円	5万円	5万円	5万円	5万円	5万円	5万円	5万円	5万円
1月	2月	3月	4月	5月	6月	7月	8月	9月	10月	11月	12月

積み立てていくのもいいですね。これなら年間120万円をぴったり使い切れます。

私には無理だけど、これなら無駄がないですね。

あとは、図の③のように、**1年間の最後に余裕資金を増額**するのもアリです。普段はコツコツ積み立てていって、1年間の最後に余裕資金を増額すれば、無理なく、無駄なくつみたて投資枠を活用できますよ。

「成長投資枠」は どんな使い方ができる?

☑ つみたて投資枠の延長として、
投資信託を積み立てることもできる

☑ 今後、投資の幅を広げたいならネット証券がおすすめ!

 もう一つの成長投資枠の上限額は、年間240万円です。投資方法は、**つみたて投資枠のように投資信託を毎月積み立てていくこともできれば、株式を一括購入することもできます。**

 コツコツ堅実な運用も、リターンを狙った運用も、どちらもできるんですね!

 さらに、つみたて投資枠では対象外となっているアクティブ型の投資信託を購入することもできます。**さまざまな投資スタイルで運用でき、使い方の幅が広い**のが成長投資枠なんです。

 上級者向けな感じですね。私も挑戦してみたい!

 活用方法としては、まず右ページ図の①のように、毎月定額で投資信託を積み立てていく方法があります。図ではアクティブ型の投資信託を例にしていますが、もちろん、インデックス型の投資信託でもOK。つみたて投資枠の延長として成長投資枠を活用する方法です。

 資金に余裕がある人ならよさそう!

「成長投資枠」はどう使う？

①毎月30万円を積み立てる

| つみたて投資枠
（年120万円） | → 月10万円 → | インデックス型（全世界株式など） |

| 成長投資枠
（年240万円） | → 月20万円 → | アクティブ型（中小型株式、新興国株式、国内株式など） |

②1銘柄100万円以下のものを年間2〜3銘柄売買

	1月	2月	3月	4月	5月	6月	7月	8月	9月	10月	11月	12月
A株	50万円 （100株） 購入					70万円 （100株） 売却						
B株				70万円 （100株） 購入						65万円 （100株） 売却		
C株							100万円 （100株） 購入					115万円 （100株） 売却

ここに注意！
- 売却後に枠を再利用するには翌年まで待たなくてはいけない
- 復活する枠は売却価格の240万円ではなく、購入価格の220万円となる

③高配当（株主優待）銘柄を長期的に保有

	1月	2月	3月	4月	5月	6月	7月	8月	9月	10月	11月	12月
A株	30万円 （200株） 購入					配当 1万 8000円 → 非課税						
B株					50万円 （300株） 購入					配当 3万7500円 ＋ 株主優待		

非課税

 個別株に挑戦するなら、成長投資枠をまるまる株式で利用しても
いいし、投資信託など、他の商品と株式を組み合わせて保有する
こともできます。

株式か〜、最低でも数十万円程度の資金が必要なんですよね。

 そうなんです。前のページの図②の例だと、A株・B株・C株をそれぞれ100株ずつ購入しただけでも220万円の枠を使うことになります。もちろん銘柄によって価格は違いますが、**年間投資枠に収めるなら2〜3銘柄が限度**でしょう。

 そうなんですね。

 ここで気をつけたいのは、売却してもすぐに枠が復活するわけではないということ。例えば、購入した年度中にすべての株式を売却したとしても、**枠が復活するのは売却の翌年**になります。

 新たな株式投資がすぐにできないのか……。

 また、**復活するのはあくまで購入時の価格（簿価）であることにも注意しましょう**。先ほどの図②の例だと、A株は50万円で購入して70万円で売却していますが、この場合、翌年に復活するのは売却価格の70万円ではなく、購入価格の50万円の枠ということになります。このルールは、株式だけではなく、投資信託など他の商品でも同じです。

 これは知っておかなきゃいけないルールですね。

 最後に、株式を購入する際のポイントをお知らせしますね。図の③のように、成長投資枠では、**「高配当銘柄」**を狙うのもおすすめです。

 「高配当銘柄」？

NISA口座なら
配当金も非課税！

その名の通り、配当が高い株式の銘柄のことです。多くの上場企業で、株主への還元のために配当金を支払っています。その中でも、株価に対する配当金の割合（配当利回り）が特に高いのが高配当銘柄です。本決算と中間決算の年2回実施するところが多いですね。

年2回なんてボーナスみたい♪

NISA口座だと、**配当金にも税金がかかりません**。高配当銘柄を成長投資枠で保有し続けることで、**配当金を非課税でずっと受け取る**ことができるんです。

そっか、配当金も通常だと約20％の税金が引かれちゃうんですね。配当金が5000円だとすると、1000円は引かれちゃうのか……。税金ゼロのNISAってやっぱりすごい！

一方、株主への還元として株主優待を実施している銘柄もあります。しかし、株主優待は、もともと税金がかかりません。だから、株主優待のみを目的に新NISAで投資するのはもったいないかも。高配当銘柄は成長投資枠、株主優待銘柄は課税口座という使い分けがおすすめです。

なるほど！　聞いただけでなんだか得した気分です！

サクッとわかる！　新NISAの賢い使い方

お金がピンチの時は
途中でやめても大丈夫?

POINT

☑ 投資資金のやりくりが難しい時は、まずは減額で対応

☑ 資金を捻出できなければ一度休止しても。
資金に余裕ができたらまた再開しよう

 う〜ん。今後仕事が減るかもしれないし、大きな出費があるかもしれないし……。**積立を継続できなくなったらやめてもいいですか?**

 長い人生には山もあれば谷もあるのは当然です。積立が難しくなった時の対策も考えておきましょう。ミケ子さん、リスクを抑えた運用で大切なことは何でしたか?

 「長期・積立・分散」です!

 しっかり覚えてるじゃないですか。1つ目のキーワードにあるように、長期で運用することが大切です。できるだけ長く運用期間を確保できるよう、**いきなり休止するのではなく、まずは減額して継続できないかを検討してみましょう。**

 減額してもいいから、続けることが大切なんですね。

 減額を検討して、それでも投資資金を捻出するのが難しいのであれば、いったん休止しましょう。その後、**資金に余裕ができた時に積立を再開すればOKです。**

 それを聞いて少し気が楽になりました!

新NISAで積立を中断した場合の非課税枠は？

減額しても積立を
続けるのが
理想的です！

NISAの
積立中断

積立再開

15年間積立

新NISAで得た利益は積立を中断している間も
非課税でずっと保有できる

30歳　　　　　　　　　　　45歳　　　　　55歳

 新NISAは期限が撤廃され、**一生涯付き合っていく制度**になりました。これまで以上に、運用期間中に不測の事態に直面する可能性も大きくなります。

 そうですね。

 いざという時には「積立を中断しても大丈夫」と気持ちに余裕を持っておくことも、投資と長く上手に付き合っていくための秘訣ですよ。

 ピンチの時も柔軟な考え方で乗り切れるようにしたいですね。

ジュニアNISAは
どうなる？　どうする？

POINT

☑ 2024年からは引き出し制限がなくなり、
使いやすくなる

☑ ジュニアNISA廃止後の教育資金は、新NISAで確保

ミケ子さんはお子さんがいますけど、**ジュニアNISA**は知って
いますか？

仲良しのママ友が最近始めていました。

それはえらい！　ジュニアNISAは、18歳未満の子ども名義のNISA
口座で、最長5年間、年間80万円まで非課税で運用ができるとい
うものでした。しかし、**2023年末に廃止**が決まっています。

え！？　せっかく始めたのに廃止なんて……。廃止ということは、こ
れまで預けたお金も非課税じゃなくなりますか？

ご心配なく。廃止といっても、**新規に投資できるのは2023年まで**と
いう意味で、2023年までに投資しておけば、**子どもが18歳になる
までは非課税で保有できます。**

それは安心ですね！

成人するまでは非課税で保有して、必要な時に解約すればOKで
す。ただし、**一括解約しかできない**ので、注意してください。

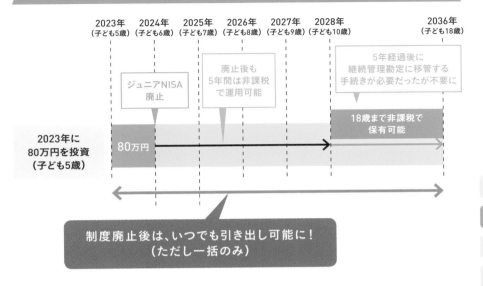

ジュニアNISA、5年経過後はどうなる？

2023年（子ども5歳） 2024年（子ども6歳） 2025年（子ども7歳） 2026年（子ども8歳） 2027年（子ども9歳） 2028年（子ども10歳） 2036年（子ども18歳）

ジュニアNISA廃止

廃止後も5年間は非課税で運用可能

5年経過後に継続管理勘定に移管する手続きが必要だったが不要に

18歳まで非課税で保有可能

2023年に80万円を投資（子ども5歳）

80万円

制度廃止後は、いつでも引き出し可能に！（ただし一括のみ）

子どもが大学に入学するタイミングで解約すればいいでしょうか？

そうですね。きちんと成績が出ているタイミングで、お金が必要な時期より早めに解約したほうが安心ですね。ギリギリに解約して、ちょうど、マーケットの下落局面にあたると、ちょっと残念な結果になってしまいますからね。

ママ友に教えてあげようっと。ところで、ジュニアNISA廃止後の教育資金はどうしたらいいですか？

口座名義は親名義になりますが、投資枠も大幅に拡大したので、**新NISAで運用しましょう。**

住宅購入資金も教育資金も、新NISA口座でしっかり運用していく必要があるってことですね。

インデックス投信が目標とする「株価指数」って何?

　投資信託には運用会社（ファンドマネジャー）が銘柄を厳選する「アクティブ型」と株価指数に連動する「インデックス型」の2種類があります。投資初心者なら、まずは保有コストが安くて、投資対象もわかりやすいインデックス型から選ぶとよいでしょう。そこで気になるのが「株価指数」。「それって何?」と思っている人も多いでしょう。

　株価指数は、その国を代表する取引所や銘柄群の株価の動きを示す数値です。日本の株価を代表するのが「日経平均株価」。米国を代表する株価指数は「S&P500」や「ナスダック総合指数」などがあります。その他、先進国株式なら「MSCIコクサイ・インデックス」、新興国株式なら「MSCIエマージング・マーケット・インデックス」などがあります。

インデックス投信が連動する主な株価指数

日経平均株価	国内株式	日経225とも呼ばれる。東証プライム市場に上場する企業のうち代表的な225社で構成
MSCIコクサイ・インデックス	先進国株式	日本を除く先進国22カ国の上場企業の株式で構成。大半は米国企業
S&P500	米国株式	米国の全主要業種を代表する、流動性の高い500銘柄で構成。時価総額加重平均指数
ナスダック総合指数	米国株式	米国の新興企業向け株式市場であるナスダックに上場した銘柄が対象。GAFAMなどIT企業が中心
MSCIエマージング・マーケット・インデックス	新興国株式	新興国を対象とした指数。中国、韓国、台湾企業などが中心

第 3 章

難しいことはさておき、iDeCoのお得な活用法が知りたい！

老後資金づくりにぴったりな「iDeCo」。
他にはない税制優遇が
受けられるお得な制度の
すべてを解説します！

将来の老後資金は
公的年金＋私的年金で！

POINT

☑ 将来の老後資金は公的年金をベースに準備する

☑ 年金は公的年金・企業年金に加えて、自分で準備をする
私的年金のひとつであるiDeCoの3つで備える

 先生！　そういえば、**老後資金に2000万円**かかるって言われていたことを思い出しました。老後ってそんなにお金が必要なんですか？　新NISAだけじゃ、どう考えても足りないですよね？　いったいどうしたらいいですか？

 まぁまぁ、ミケ子さん落ち着いて。**老後資金2000万円問題**っていうのは2019年の金融庁の報告書で紹介された調査のことね。**高齢夫婦無職世帯の平均収入から平均支出を引くと、毎月5.5万円不足します。それが老後30年間分と計算すると、約2000万円足りない**、ということになるわけ。ただ、あくまでもこれは平均値だから、みんなに当てはまるとは限らないの。

 そうなんですね。よかった〜。

 安心してはいけませんよ。2000万円でも足りない、なんてこともありえますから。まずは、老後生活のベースとなる公的年金のことを理解しておきましょう。

 うっ……。私は会社員だから、厚生年金もあるし、老後は公的年金だけで悠々自適に暮らせると思ってましたが……。そういえば、年金の仕組みまで考えたことはなかったかも。

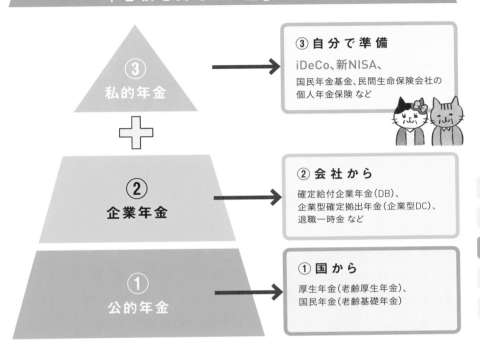

「老後を支えるお金」は主に3つ

③ 私的年金

③ 自分で準備
iDeCo、新NISA、
国民年金基金、民間生命保険会社の
個人年金保険 など

② 企業年金

② 会社から
確定給付企業年金(DB)、
企業型確定拠出年金(企業型DC)、
退職一時金 など

① 公的年金

① 国から
厚生年金(老齢厚生年金)、
国民年金(老齢基礎年金)

年金は国の制度である**国民年金**と**厚生年金**に、会社の制度である企業年金が上乗せされている場合もあります。でも、それだけでは足りない人がほとんどです。だから、その2つに自分でつくる**私的年金**をプラスするんです。**これからの老後生活はこの3つの年金で備える時代**なんですよ！

えっ！　自分でつくる年金がないと足りないんですか？

残念ながら、国からの年金だけでは安心とは言えないかもしれません。そこで、これから解説する「iDeCo」の出番です。

イデコ……。何だかかわいい名前ですね〜。

自分でつくる私的年金制度「iDeCo」とは？

POINT

☑ 自分で掛金を決めて積立・運用し、老後に受け取る仕組み

☑ 積み立てた年金は60歳になるまで受け取れない

☑ 現役世代のほとんどの人が加入できる

 では、いよいよ**iDeCo**について解説します。

 さっき話に出た、公的年金では足りない分を自分で準備する私的年金ですね。

 iDeCoとは個人型確定拠出年金のことで、国がつくった「じぶん年金制度」です。この制度を利用すれば、自分のための年金を自分で積み立てることができるんです。

iDeCo（個人型確定拠出年金）の仕組み

自分で拠出
自分で設定した掛金額を積み立てる

自分で運用
自分で選んだ運用商品（定期預金、保険商品、投資信託）で掛金を運用し、老後の資金を準備する

年金の受け取り
受取額は、積み立てた掛金の合計額や運用成績によって変わる

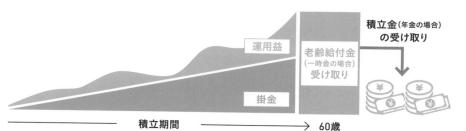

運用益

積立金（年金の場合）の受け取り

老齢給付金（一時金の場合）受け取り

掛金

積立期間 ────────→ 60歳

出所：iDeCo公式サイト「iDeCo（イデコ）の特徴」https://www.ideco-koushiki.jp/guide/

国がつくった制度なんですね！　自分で年金をつくるってことは、自分のお金で積み立てていくってことですか？

そうなんです。仕組みとしては、拠出・運用・受け取りの3段階に分けられます。まず**自分で掛金額を決めて積み立てていきます**。その**掛金で自分が選んだ金融商品を運用**して老後資金を準備し、**老後に年金として受け取ります**。

でも、老後になる前に途中で使ってしまいそう……。

そこが大きなポイントで、**iDeCoは60歳になるまで受け取れません**。つまり、途中で引き出して使えないのです。

なるほど！　だから、老後や介護資金づくりにぴったりってことなんですね。私でも利用できるんですか？

原則として**20歳～65歳未満**^{（※）}の**国民年金または厚生年金加入者であれば誰でも加入できます**。**現役世代のほとんどの人が加入できる**から、ミケ子さんも当然OKですよ！

やった！

（※）厚生年金加入者は18歳以上

COLUMN
iDeCoに加入できない人の例

①65歳以上
iDeCoの加入は原則20～64歳までで、65歳以上の人は加入できない。また、国民年金加入が条件。国民年金加入は原則60歳までなので、自営業者などは任意加入者を除き60歳以降は加入できない

※2025年から70歳未満までは加入できる予定

②年金保険料の免除・納付猶予者
経済的自立が難しく、国民年金の保険料納付を免除・猶予されている人は、iDeCoには加入できない

iDeCoの3つの特徴とは？

☑ iDeCoには加入対象者、引き出し時期、税制優遇の
3つの特徴がある

☑ 最大の特徴は3段階で受けられる手厚い税制優遇

 iDeCoにはさまざまな特徴があるけれど、**絶対に押さえておきたい3つの特徴**についてお話ししますね。

 3つなら覚えやすいですね！

 1つ目は加入対象者です。**2022年に加入対象者の年齢の上限が60歳から65歳に延長されましたが、25年からさらに70歳未満に延長される予定です。**

 20歳未満でも働いていて厚生年金に加入していればOKですか？

 はい、大丈夫です。そして、2つ目は**資金の引き出しは60歳から**というルールがあること。積立期間が10年未満の場合は60歳で受け取れないこともあるから、積立期間が短い50代以降で加入する場合は注意が必要ですね。

 私の場合は、今すぐ始めれば60歳まで28年もあるから大丈夫だ！

 3つ目は節税効果です。**iDeCoは積立時、運用時、受取時の3つのタイミングで税制優遇**が受けられます。

特徴
1

65歳未満の国民年金
または厚生年金加入者
が入れる!

厚生年金加入者は20歳未満(18歳
以上)でも加入可能。2025年から加
入可能年齢の上限が70歳未満にな
る予定

特徴
2

積み立てた資金は60歳
から引き出せる!

60歳になる前に引き出しはできませ
ん。また、積立期間が短いと60歳で
受け取れないことも!

特徴
3

積立時、運用時、受取
時の3段階で節税効果
がある!

積立時には掛金(積立額)全額が所
得控除の対象に。運用益は非課税。
受取時は一定額まで非課税に!

 それはすごい!　新NISAよりも、税制優遇がたくさん受けられるっ
てことですよね?

 そうなの!　**税制優遇こそiDeCoに加入する最大の
メリット**です。これについてはもっとお話ししたいから、P84から
じっくり解説しますね。

難しいことはさておき、iDeCoのお得な活用法が知りたい!

iDeCoは職業によって
拠出（積立）額の上限が違う

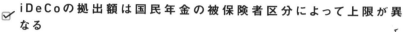

POINT

- ☑ iDeCoの拠出額は国民年金の被保険者区分によって上限が異なる
- ☑ 会社員（第2号被保険者）は企業年金の有無や種類によって区分される

iDeCoの積立額は、どうやって決めればいいんですか？

iDeCoでは、お金を積み立てることを「**拠出**」といいます。積立額つまり拠出額は月5000円から1000円単位で自由に設定ができます。

では、お金に余裕がある人はたくさんできるってことですか？

国民年金の被保険者区分によって上限が決まっています。厚生年金（老齢厚生年金）を受け取れず、公的年金が手薄になる自営業者などの第1号被保険者は、上限額が最も高く設定されています。会社員は企業年金のあり、なしで上限額が変わります。

私の夫は自営業だから第1号被保険者で、月に6万8000円もできる！　私は会社員で第2号被保険者だから……ん？　企業型DCとかDBって何ですか？

企業年金は企業が主体となって退職金などを支給する制度ですが、さらに確定給付型と確定拠出型があります。**確定給付企業年金をDB、確定拠出年金をDC（企業型確定拠出年金）といいます。**

掛金は
毎月5000円からと、
毎日少しの節約をすれば
積立できる
手軽さが魅力！

職業によって掛金の上限が変わる

加入資格	掛金の上限

第1号被保険者
自営業者

→ **月額6.8万円**
（年額81.6万円）
国民年金基金または
国民年金付加保険料との合算額

第2号
被保険者

会社員・
公務員など

会社に企業年金が
ない会社員
→ **月額2.3万円**
（年額27.6万円）

企業型確定
拠出年金（DC）に
加入している会社員
→ **月額2.0万円**
（年額24.0万円）
（月額5.5万円ー企業型DC掛金額）

DCとDBに両方加入
している会社員
→ **月額1.2万円** ※1
（年額14.4万円）
（月額2.75万円ー企業型DC掛金）

確定給付
企業年金（DB）のみに
加入している会社員
→ **月額1.2万円** ※1
（年額14.4万円）

公務員など
→

第3号被保険者
専業主婦（夫）

→ **月額2.3万円**
（年額27.6万円）

※1　2024年12月から月額上限が2万円に変更予定

 あれっ？　私はどれなんだろう？

 わからない場合は、勤め先に確認してみましょうね。

難しいことはさておき、iDeCoのお得な活用法が知りたい！

iDeCoの最大のメリットは
手厚い税制優遇

POINT

☑ 毎年、所得税と住民税が軽減される

☑ 運用して利益が出ても税金がかからない

☑ 受け取りは一括・年金形式のどちらでも、一定額まで非課税

 さあ、いよいよ**iDeCo最大のメリット、税制優遇**について じっくり解説しますよ!

 先生、張り切ってますね（笑）。

 何たって、**3段階で節税効果が得られる**んですよ! これは普段節 税しにくい会社員にとっては、とてもうれしいことです!

 そ、そうですね。ところで、3段階の節税効果とは何ですか?

 まず**拠出時の節税効果**についてですが、なんと**掛金全額が 所得控除（小規模企業共済等掛金控除）の対象**になって、その年の所 得税と翌年の住民税の負担が減ります。

 おお〜。所得税と住民税が! どれくらい減るんですか?

 月1万円を積み立てた場合の拠出時の節税効果を見てみましょう。 この場合、年間の掛金12万円分がまるっと控除になります。戻って くる税金は年収により変わりますが、年収300万円の人でも年間 約1万8000円も戻ってくるんですよ。

税制優遇① 拠出（積立）時、税金が戻ってくる！

月1万円を積み立てた場合

年　　収		年間で戻ってくる金額
300万円	▶	約1万8000円
400万円	▶	約1万8000円
500万円	▶	約2万4000円
600万円	▶	約2万4000円
700万円	▶	約3万6000円
800万円	▶	約3万6000円

※iDeCo公式サイトの「かんたん税制優遇シミュレーション」で試算。
　基礎控除48万円、会社員のケース。社会保険料は年収の14.39％として計算

 そんなに戻ってくるんですか！　では**掛金が大きいフリーランスや自営業の人は控除される金額も大きい**ってことですね。

 そうなんです！　だからミケ子さんの夫のようなフリーランスの方は、より高い節税効果を得られるので、iDeCoをやらない手はないってことです。

積み立てた分、
節税できるなんて
他にはないメリットね！

ウヒヒヒ

難しいことはさておき、iDeCoのお得な活用法が知りたい！

月1万円で30年間積立、元本360万円の場合

運用益 （課税前）	運用総額	運用益 （課税前）		運用益 （課税後）
1%	419.6万円	59.6万円	約12万円 の差	47.5万円
3%	582.7万円	222.7万円	約45万円 の差	177.5万円
5%	832.3万円	472.3万円	約96万円 の差	376.4万円
8%	1490.4万円	1130.4万円	約230万円 の差	900.8万円

iDeCoの
受取額

通常の投資の
受取額

 次に**運用時の節税効果**ですが、新NISAと同じく、**運用して出た利益は全額非課税になります**。通常投資で得た利益には20％強（20.315%）が課税されますが、これがかからないということです。

 例えば10万円の儲けがあったとしたら、約2万円税金で引かれてしまうところが、それがなくなって10万円すべてもらえるってことですね。

 ミケ子さん、理解が早いわ！　上の表は例えば月1万円を30年間積み立てた場合のiDeCoの受取額と通常の投資の受取額を比較したものだけど、利回り8％では、約230万円も差がついてしまいます。

 そ……そんなに！

例

例

30年積み立てて60歳時に
一括で受け取り

65歳から
年金で受け取り

退職所得控除の対象

公的年金等控除の対象

退職金と合算して
1500万円までは税金がかからない

公的年金と合算して
年**110万円**までは税金がかからない

※年金以外の所得が年間1000万円以下の場合
※65歳未満で受け取る場合、
　この条件だと年60万円まで非課税

 3つ目は**受取時の節税効果**です。これは60歳以降のことなので、ミケ子さんにはまだまだ先のことですが、**一括で受け取ると「退職所得控除」、年金形式で受け取ると「公的年金等控除」が適用されて、一定額までは非課税**になります。

 金額が大きいとその分、払う税金も多くなりますもんね。

 例えば30年間積み立てて60歳時に**一括で受け取る場合、退職金と合計して、1500万円まで税金はかかりません**。また、年金形式で65歳から受け取るなら、**公的年金と合算して年110万円まで税金がかかりません**。

 退職金や公的年金にも税金がかかるとは考えてもみませんでした!　受取方法は、一括か年金かで選べるんですか?

 「一括」「年金」「一括＋年金」の3種類の方法から選ぶことができます。受取方法の注意点については、またP128で説明しますね。

P128

難しいことはさておき、iDeCoのお得な活用法が知りたい!

06 積立中にお金が戻ってくる？その節税効果は？

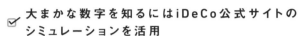

POINT

☑ 所得税と住民税が軽減される税制優遇が最もお得

☑ 大まかな数字を知るにはiDeCo公式サイトの
シミュレーションを活用

 先生の力説により3段階の税制優遇の仕組みはわかったのですが、具体的に私の場合どれくらい節税になるんでしょうか？

 いい質問ですね。まず覚えておいてほしいこととして、**iDeCoの税制優遇メリットの中でも特にお得なのは、積み立てた掛金の全額が所得控除**になることです。

 その所得控除って、どうやって計算するんですか？

 一番簡単なのはiDeCoの公式サイトの「かんたん税制優遇シミュレーション」を使ってみることです。大まかな数字ですが、だいたいの節税効果がわかります。

 では早速。えっと年収300万円で、月に1万5000円ずつ積み立てたとして……。年間18万円分の所得税と住民税の控除額は**2万7000円**でした！

 それを60歳まで積み立てたとしたら、28年間の節税効果は？

 約75万円です！　ひぇ〜これはすごい！

収入が高い人ほど、節税効果は高くなります。ただ、会社員か自営業者かによって節税効果は変わります。目安については、下の表を参考にしてみてくださいね。

あなたはいくら節税になる？

課税所得※	所得税・住民税合計税率	掛金額に応じた税負担軽減額			
		企業型DBのみに加入している会社員・公務員など 掛金上限年額14.4万円	企業型DCに加入している会社員・公務員など 掛金上限年額24万円	企業年金のない会社員・公務員 掛金上限年額27.6万円	自営業者・フリーランス 掛金上限年額81.6万円
～195万円以下	15%	2万1600円	3万6000円	4万1400円	12万2400円
195万円超～330万円以下	20%	2万8800円	4万8000円	5万5200円	16万3200円
330万円超～695万円以下	30%	4万3200円	7万2000円	8万2800円	24万4800円
695万円超～900万円以下	33%	4万7520円	7万9200円	9万1080円	26万9280円
900万円超～1800万円以下	43%	6万1920円	10万3200円	11万8680円	35万880円
1800万円超～4000万円以下	50%	7万2000円	12万円	13万8000円	40万8000円
4000万円超～	55%	7万9200円	13万2000円	15万1800円	44万8800円

※課税所得は所得税計算に必要な金額で、年収とは異なる。
　iDeCo公式サイト「かんたん税制優遇シミュレーション」を利用すれば年収から課税所得を自動的に試算してくれる

ミケ子さんがかんたん税制優遇シミュレーションで試算してみたら……

年齢	**32歳**
年収	**300万円**
毎月の掛金	**1万5000円**
節税効果（年間）	**2万7000円**
┌ 所得税	**9000円**
└ 住民税	**1万8000円**

28年間で
75万6000円
節税

iDeCoの金融機関は口座管理手数料で選ぶ!

POINT

- ☑ iDeCoにはさまざまな手数料がかかる
- ☑ 金融機関選びは「口座管理手数料」の安さを基準にする

 そんなに節税効果があるなら、すぐにでもiDeCoも始めます! 最初に何をすればいいんですか?

 まずは**金融機関でiDeCo専用の口座を開設**します。そのためには、どこの金融機関で開設するか決めなくてはいけません。**口座は1人1つしか持てないので下調べが重要**になります。

 新NISAの時と同じように、金融機関選びが大切なんですね。何を基準に選べばいいんですか?

 選ぶ際の**判断材料の一つになるのは、金融機関に支払う「口座管理手数料」**です。

 金融機関によって違うんですか?

 そうなんです! iDeCoでは加入する金融機関と国民年金基金連合会と事務委託先金融機関に手数料を支払う必要があります。このうち加入時に国民年金基金連合会に支払う2829円、拠出ごとに毎回支払う105円と事務委託先金融機関に対して毎月支払う66円は一律で金額が決まっています。**一方、加入する金融機関に支払う口座管理手数料の金額は金融機関によって異なります。**

iDeCoにかかる手数料

	加入時	移換(年金資産の持ち運び)時	運用期間中		
			収納手数料	事務委託手数料	口座管理手数料
支払い先	国民年金基金連合会	移換前の金融機関(運営管理機関)	国民年金基金連合会	事務委託先金融機関(信託銀行など)	加入する金融機関(運営管理機関)
金額	2829円	0円〜4400円	1回の拠出ごとに105円	月額66円	月額0円〜数百円程度

※著者作成。金額は税込み

この額に注目!

 では、金融機関に支払う手数料を比較すればいいんですね。

 その通り! **金融機関に支払う口座管理手数料は無料から数百円まで、金融機関によってまちまち**です。

 数百円の差なら、それほど気にしなくてもいいような……。

 ちょっと待って! わずかな差に思えても、長期運用を前提としたiDeCoでは将来受け取るお金に大きな影響を与えることになります。「チリも積もれば山となる」です! だから**なるべく安い金融機関を選ぶのが鉄則**です。

 そっか、毎月300円の手数料を30年間払い続けると……トータルで10万8000円も!

 口座管理手数料は大手銀行でも無料化の動きが広がっているので、口座開設の際に確認しましょう。

口座管理手数料は要チェックね!

どこの金融機関がいい？

POINT

☑ 手数料以外に、商品の数と内容をしっかり確認する

☑ 長期間のお付き合いになるので金融機関選びは慎重に！

 口座管理手数料を確認したら、次は**商品のラインナップ**をチェックしましょう。

 これも新NISAの時と同様、**金融機関によって購入できる商品が違うんですね。**

 ミケ子さん鋭い！　だから取り扱っている商品の数だけではなく、その内容もしっかり吟味しましょう。

 う〜ん。商品の内容って、いったいどこをチェックしたらいいんですか？

 iDeCoで取り扱われる金融商品には、元本確保型の定期預金や保険と、元本変動型の投資信託があります。**元本確保型は金利が高いもの、元本変動型は運用コストの低いものが揃っているかどうか**を選ぶポイントにしてみるといいですよ。これについては、P106〜107で説明します。

 私のような初心者はネット証券と銀行のどちらを選べばいいんでしょう？

iDeCoで利用できる金融機関の一例

	金融機関名	口座管理手数料 （月額）	取扱商品数	コールセンター 受付時間
ネット証券	SBI証券	無料	セレクトプラン 39本	平日および土・日曜 8:00～17:00 （年末年始・祝日を除く）
ネット証券	楽天証券	無料	32本	平日 10:00～19:00 土日祝 9:00～17:00 （年末年始を除く）
ネット証券	マネックス 証券	無料	27本	平日 9:00～20:00 土曜 9:00～17:00 （祝日を除く）
銀行	りそな銀行	無料	29本	平日 9:00～21:00 土・日曜 9:00～17:00 （年末年始、祝日を除く）
銀行	イオン銀行	無料	24本	平日 9:00～21:00 土・日曜 9:00～17:00 （祝日・振替休日、 12月31日～1月3日、 GWの一部の日および メンテナンスの日を除く）

※2023年7月現在

一般的には、ネット証券は口座管理手数料が無料など、低めに設定されています。一方、銀行は実店舗が近くにあれば、対面で相談もできるので、投資初心者にとっては心強いですね。

一度決めた金融機関は長期間利用するので、慎重に選ぶ必要がありますね。

上の金融機関の一例を、参考にしてみてください。

1～2カ月ほどかかる iDeCo口座開設の流れ

☑ 第2号被保険者は「事業主の証明書」の提出も必要

☑ 書類提出から口座開設まで通常1～2カ月かかる

 ミケ子さん、iDeCo口座を開設する金融機関は決まった？

 はい！　新NISA口座と同じネット証券にしました。

 では、いよいよ申し込みをしましょう。まずは**金融機関から申込書類を取り寄せます**。申込書類が来たら、必要事項を記入します。**会社員や公務員など第2号被保険者の場合は、さらに「事業主の証明書」も必要**です。

 会社にお願いすればいいのでしょうか？

 総務部などに記入を依頼することになると思います。揃ったら、本人確認書類とともに郵送で提出します。

 ふむふむ。

 その後、加入資格の審査が行われ、無事通過すると**国民年金基金連合会と金融機関から通知書が届きます**。口座開設までには1～2カ月かかります。

iDeCo口座開設の流れ

❶ 加入申し込みに必要な書類を取り寄せる

受付窓口となる金融機関のホームページ、コールセンター、店舗窓口などから申込書を取り寄せる。その際、**被保険者区分**を伝える

❷ 申込書類を作成し、郵送する

提出書類に必要事項を記入し、**本人確認書類とともに金融機関に送付する**。不備があると差し戻されるので、再提出の手間を防ぐため記入漏れや書類の添付漏れなどに注意する。**会社に書いてもらう書類もあるので要注意**

約1〜2カ月

国民年金基金連合会[※1]で加入資格の審査が行われる

❸ 加入確認通知書などを受領する

国民年金基金連合会での加入資格の審査後、加入可能な人へは以下の書類が届く

● 国民年金基金連合会から
  ▸ **個人型年金加入確認通知書**
● 受付金融機関、記録関連運営管理機関[※2]から
  ▸ **口座開設のお知らせ**
  ▸ **「コールセンターパスワード」「インターネットパスワード」設定のお知らせなど**

❹ 初期設定をする

書類提出時に配分指定をしていなければ、ホームページやコールセンターから初回の配分指定を行う。行わないままでいると、金融機関が提示する指定運用方法で運用がスタートする

※1　加入者資格の確認、拠出限度額などの管理を行う機関
※2　加入者に関する情報の記録・保存などの記録関連業務を行う機関

これで失敗なし！
iDeCoの申込書類の記入方法

iDeCoの申込書類には日ごろ馴染みのない情報を記入する欄もあり、とまどう人も多いようです。不備があると、口座開設が遅れてしまうことも。スムーズに口座開設を完了させるために、書類記入のポイントを解説します。

※記入例はすべて2023年7月現在

 先生！　金融機関からiDeCoの書類が来ました！

 では、早速記入していきましょう。

 金融機関からの書類がたくさん入っていましたが、どれも必要なんですよね？

 加入には「個人型年金加入申出書」と「預金口座振替依頼書兼自動払込利用申込書」が必要です。その他、必要な書類は国民年金の被保険者区分によって変わりますね。

 えっと、私は会社員だから……。

 先ほどもお話ししたけれど、ミケ子さんは**第2号被保険者にあたるので、**この他に**「事業主の証明書」**というものが必要になりますよ。それも金融機関からの封書に入ってましたよね？

 はい。では私の場合、全部で3つの書類が必要なんですね！

 そうです。ただ、「事業主の証明書」には、自分だけではなく、勤務先が記入する欄もあるので注意しましょう。

iDeCoの申し込みに必要なもの

共通

- □ 基礎年金番号
- □ 掛金引き落とし口座情報
- □ 金融機関届出印、印鑑
  （ネット銀行の場合は不要）

会社員

- □ 個人型年金加入申出書
- □ 事業所登録申請書兼
  第2号加入者に係る
  事業主の証明書
- □ 預金口座振替依頼書兼
  自動払込利用申込書

公務員（共済組合員）

- □ 個人型年金加入申出書
- □ 第2号加入者に係る事業主の証明書
  （共済組合員用）
- □ 預金口座振替依頼書兼
  自動払込利用申込書

自営業者・専業主婦（夫）

- □ 個人型年金加入申出書
- □ 預金口座振替依頼書兼自動払込利用申込書

C O L U M N

加入手続きは
スマートフォンからでも！

金融機関にもよりますが、ほとんどの場合iDeCo口座への申し込みはオンラインで行うことが可能です。会社員と公務員は事業主の証明書の記入の必要がありますが、自営業者や専業主婦（夫）は、スマホだけで申し込みができます。

楽天証券のホームページの「確定拠出年金（iDeCo）」を選択すると、加入手続きが開始できます。会社員・公務員など（第2号被保険者）は書類の申請までの手続きができます。

「個人型年金加入申出書」の記入のポイント

 記入する際に注意したいポイントを流れに沿って見ていきましょう。①の「**基礎年金番号**」の欄には、年金手帳やねんきん定期便、基礎年金番号通知書などに記載されている10桁の番号を記入します。勤務先に年金手帳を預けている場合は、事前に担当部署に確認するようにしましょう。

 あれっ？　そういえば、私の年金手帳ってどこにあるんだっけ？探さなくちゃ！

 ③「**掛金の納付方法**」の欄では、「事業主払込」か「個人払込」のいずれかを選択します。事業主払込の場合は、給料からの天引きになるので、勤務先の対応が可能かあらかじめ確認しておきましょう。

 ここも、会社に確認が必要なんですね！

 また、⑤「**掛金額区分**」の欄では、毎月定額拠出を希望するか否かを選択することができます。定額拠出を希望する際は、金額まで忘れずに記入しましょう。加えてミケ子さんのような会社員の場合は、⑥「**現在のお勤め先**」の欄にも記入が必要なので、忘れずに記入しましょう。

 右ページの赤枠部分はしっかり記入しないとですね。

 そうですね。金融機関や国民年金基金連合会のチェックには時間がかかるため、もし不備があって戻されると、なかなか積立が始められません。ミスのないように見直しをして提出しましょう！

個人型年金加入申出書の記入方法

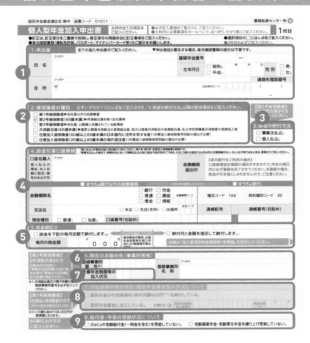

① ▷ 申出者自身が記入する。
　▷ 基礎年金番号は年金手帳などを参照し記入。
　▷ 「連絡先電話番号」は日中に連絡がつく電話番号を記入。
　▷ 「市区町村コード」は記入不要。

② ▷ レ点を記入する。

③ ▷ 掛金の納付方法は次ページの「事業主の証明書」の「8.掛金の納付方法」を参照し、申出者が記入する。

④ ▷ 口座名義人などの必要事項を記入する（フリガナも記入）。
　▷ 「金融機関届出印」は2枚目に押印。
　▷ 「金融機関コード」「支店コード」は記入不要。

⑤ ▷ 「掛金額区分」はいずれかを選択する。毎月定額納付の場合、拠出上限は企業年金制度などの加入状況によって異なる。掛金額は1000円単位で記入。

⑥ ▷ 次ページの「事業主の証明書」を参照して記入する
　・登録事業所番号→「7.連合会への「事業所登録」の有無等」を参照。
　・登録事業所名称→「4.事業主の署名等」（「6.申出者を使用している厚生年金適用事業所の住所・名称等」に事業所名称の記載がある場合はそちらを記入する）を参照。

⑦ ▷ 「企業年金制度等の加入状況」は「事業主の証明書」の「5.企業年金制度等の加入状況」を参照し、申出者が必ず記入する。

⑧ ▷ 第1号被保険者の任意加入被保険者は、該当する項目にレ点を記入する。

⑨ ▷ 60歳以上の場合のみ、年金などの受給状況を記入。

第2号被保険者は「事業主の証明書」も必要

会社員や公務員など第2号被保険者の場合、個人型年金加入申出書の他に「事業主の証明書（事業所登録申請書兼第2号加入者に係る事業主の証明書）」の提出が必要です。加入者と勤め先の担当者、それぞれの記入箇所があります。

＼ どんな内容か知っておきましょう！／
事業主の証明書の記入例と注意事項

1
加入申出者本人が記入する。

2
加入申出者本人が記入する（毎月定額納付の場合は毎月の掛金額を記入する）。

3
企業型確定拠出年金加入者はレ点を記入する。

4～⑩は事業主が記入する

4
事業主の住所、氏名を記入する。

5
右のフローチャートで該当する番号を記入する。

6
「事業主」と「厚生年金適用事業所」が同一の場合は記入不要。

7
該当する□にレ点を記入する。
【事業主払込用登録事業所番号】
「事業主払込で登録済」を選択した人は記入。

【個人払込用登録事業所番号】
「個人払込で登録済」を選択した人は記入。

※事業所番号が不明な場合は空欄

8
▷ 該当する番号の□にレ点を記入する
▷ ❸に該当する場合は「事業主払込」が困難な理由を選択（記入）し□にレ点を記入する。

9
申出書に現時点で資格がある場合のみ「資格取得年月日」を記入する。

他 の 企 業 年 金 に 入 っ て い る か を 問 う フ ロ ー チ ャ ー ト

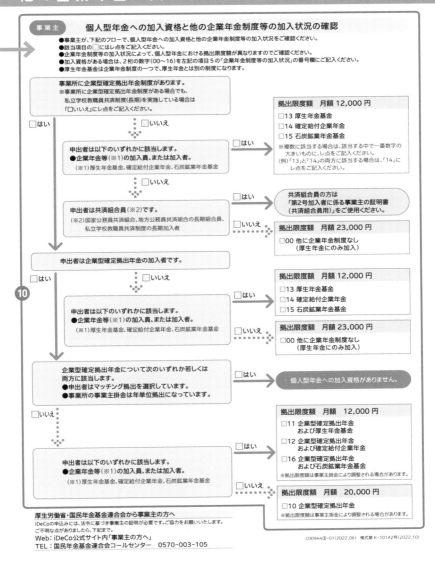

事業主 　個人型年金への加入資格と他の企業年金制度等の加入状況の確認

●事業主が、下記のフローで、個人型年金への加入資格と他の企業年金制度等の加入状況をご確認ください。
●該当項目の□にはレ点をご記入ください。
●企業年金制度等の加入状況によって、個人型年金における拠出限度額が異なりますのでご確認ください。
●加入資格がある場合は、2桁の数字（00〜16）を左記の項目5の「企業年金制度等の加入状況」の番号欄にご記入ください。
●厚生年金基金は企業年金制度の一つで、厚生年金とは別の制度になります。

事業所に企業型確定拠出年金制度があります。
※事業所に企業型確定拠出年金制度がある場合でも、
　私立学校教職員共済制度（長期）を実施している場合は
　「□いいえ」にレ点をご記入ください。

□はい　　　　□いいえ

申出者は以下のいずれかに該当します。
●企業年金等（※1）の加入員、または加入者。
（※1）厚生年金基金、確定給付企業年金、石炭鉱業年金基金

□いいえ

申出者は共済組合員（※2）です。
（※2）国家公務員共済組合、地方公務員共済組合の長期組合員、
　私立学校教職員共済制度の長期加入者

□はい

拠出限度額　月額 12,000 円
□13 厚生年金基金
□14 確定給付企業年金
□15 石炭鉱業年金基金
※複数に該当する場合は、該当する中で一番数字の
　大きいものに、レ点をご記入ください。
（例）「13」と「14」の両方に該当する場合は、「14」に
　レ点をご記入ください。

□はい

共済組合員の方は
「第2号加入者に係る事業主の証明書
（共済組合員用）」をご使用ください。

□いいえ

拠出限度額　月額 23,000 円
□00 他に企業年金制度なし
　（厚生年金にのみ加入）

申出者は企業型確定拠出年金の加入者です。

□はい　　　　□いいえ

申出者は以下のいずれかに該当します。
●企業年金等（※1）の加入員、または加入者。
（※1）厚生年金基金、確定給付企業年金、石炭鉱業年金基金

□はい

拠出限度額　月額 12,000 円
□13 厚生年金基金
□14 確定給付企業年金
□15 石炭鉱業年金基金

□いいえ

拠出限度額　月額 23,000 円
□00 他に企業年金制度なし
　（厚生年金にのみ加入）

企業型確定拠出年金について次のいずれか若しくは
両方に該当します。
●申出者はマッチング拠出を選択しています。
●事業所の事業主掛金は年単位拠出になっています。

□はい

個人型年金への加入資格がありません。

□いいえ

申出者は以下のいずれかに該当します。
●企業年金等（※1）の加入員、または加入者。
（※1）厚生年金基金、確定給付企業年金、石炭鉱業年金基金

□はい

拠出限度額　月額 12,000 円
□11 企業型確定拠出年金
　　および厚生年金基金
□12 企業型確定拠出年金
　　および確定給付企業年金
□16 企業型確定拠出年金
　　および石炭鉱業年金基金
※拠出限度額は事業主掛金により調整される場合があります。

□いいえ

拠出限度額　月額 20,000 円
□10 企業型確定拠出年金
※拠出限度額は事業主掛金により調整される場合があります。

厚生労働省・国民年金基金連合会から事業主の方へ
iDeCoの申込みには、法令に基づき事業主の証明が必要です。ご協力をお願いいたします。
ご不明な点がありましたら、下記まで。
Web：iDeCo公式サイト内「事業主の方へ」
TEL：国民年金基金連合会コールセンター　0570-003-105

C00944③-01(2022.06)　様式第 K-101A2号(2022.10)

⓾

⓾
フローチャートは必ず会社に確認してもらう。

会社員の人は「事業主の証明書」の提出が必要で、「申出者」と「事業主」にそれぞれ記入する箇所があります。

 私は申出者だから、どこを書けばいいのでしょうか？

 申出者のミケ子さんは、P100の①から③の部分を書く必要があります。②の掛金額区分は「個人型年金加入申出書」と同じものを書いてくださいね。

 わかりました！ 残りの項目は勤務先に任せれば大丈夫ですか？

 そうですね、申出者欄を埋めたら勤務先の担当者に渡してください。

 この書類は、難しいことは特になさそうですね……！

 ただ、勤務先の担当者が不慣れだと、記入漏れや誤りがある可能性もあります。**記入してもらったら前ページなどを参考に、自分でも必ずチェックするようにしてください**ね。

 しっかり確認するようにします！

漏れがないようにしっかりチェック！

積立サイクルの設定はどうする?

 iDeCoの積立は必ず毎月同額で行う必要はありません。ボーナス時に増額したり、年1回のみにするなど**積立のサイクルは自由に設定**ができます。

 その設定も加入時にやるんですか?

 そうなんです。主な3パターンは、下の図の①毎月定額納付、②ボーナス増額納付、③年1回納付です。相場の値動きを平準化する「ドル・コスト平均法」(P7参照)の効果を得てリスク分散をするためには、①が理想的ですが、無理な積立額では続かない可能性があるので、②や③など自分に合ったサイクルを選ぶのが賢明ですね。

掛金はどう設定する?

①毎月定額納付(2万3000円×12カ月)

2万3000円	2万3000円	2万3000円	2万3000円	2万3000円	2万3000円	2万3000円	2万3000円	2万3000円	2万3000円	2万3000円	2万3000円
1月	2月	3月	4月	5月	6月	7月	8月	9月	10月	11月	12月

合計27万6000円

②ボーナス増額納付(5000円×12カ月+ボーナス増額10万8000円×2回)

					10万8000円						10万8000円
5000円	5000円	5000円	5000円	5000円	5000円	5000円	5000円	5000円	5000円	5000円	5000円
1月	2月	3月	4月	5月	6月	7月	8月	9月	10月	11月	12月

合計27万6000円

③年1回納付(27万6000円×1回)

※年1回の場合、引き落としは必ず12月に設定

											27万6000円
1月	2月	3月	4月	5月	6月	7月	8月	9月	10月	11月	12月

合計27万6000円

うちの夫のように自営業で毎月の収入が一定でない場合は、年1回とかでもいいのかしら?

それもアリですね。**年1回の場合、積立のたびに支払う手数料が1回で済む**というメリットもありますよ。

右の加入者月別掛金額登録・変更届は、全員提出するのですか?

申込時に毎月定額以外を選択した場合や掛金を変更する時に提出します。この書類で注意すべきは積立額の欄です。**拠出しない月は空欄にしないで、「0円」と記入するのを忘れない**ようにしましょう。

確かに忘れそうですね。注意しなきゃ。

特に気をつけたいのは開始時期です。初加入の場合、掛金拠出が始まるのは加入申出書を提出した月の翌々月からになります。4月に申出書を提出しているなら初めて引き落とされるのは6月になり、積立額は6月以降に記入します。ただし、その前の月の5月の欄も「0円」と記入しなくてはいけません。

拠出していないのだから、空欄でもいいような……。

でも「0円」と書き忘れると差し戻しになるから、ここは絶対注意!

キビシいですね〜。ちなみに掛金はいつでも変更できるんですか?

前年12月分から11月分(1月26日引き落とし分から12月26日引き落とし分)までの期間で年に1回だけ変更ができます。金融機関によっては、変更届を出しても実際の変更は翌年からになることもあるので、金融機関のコールセンターなどで聞いてみてくださいね。

加入者月別掛金額登録・変更届の記入方法

初めて登録する場合

引き落とし月が属する年を記入

加入申出書を提出した月の翌々月が初回引き落とし月となるので、その月が属する年を記入。

② 加入申出をした翌月に「0」（ゼロ）を記入

③ 加入申出をした翌々月以降で掛金拠出を希望する月に金額を記入

1回あたりの掛金額は5000円を下限として1000円単位で記入。

④ 拠出しない月は「0」（ゼロ）を記入

空欄にすると、記入ミスで書類が戻ってきてしまう。

⑤ 12月26日引き落とし（11月分の掛金）は必ず5000円以上の掛金額を記入

12月26日引き落とし分は必ず積立をすることが、法律上決まっているので注意。

⑥ 年間の掛金合計額を記入

拠出限度額を超えた掛金額の設定はできない。

月別掛金変更の場合

① 掛金拠出が開始される月（引き落とし月）が属する年の「翌年」の年を記入

② 1月26日引き落とし（前年12月分）から記入

拠出しない月も「0（ゼロ）」を記入する。

③ 掛金拠出を希望する月に金額を記入

1回あたりの掛金額は5000円を下限として1000円単位で設定。

④ 12月26日引き落とし（11月分の掛金）は必ず5000円以上の掛金額を記入

⑤ 年間掛金合計額を記入

拠出限度額を超えた掛金額の設定はできない。

10 iDeCoで選べる 商品には何がある？

POINT

- ☑ 「元本確保型」と「元本変動型」の2タイプがある
- ☑ 「元本確保型」は安全性は高いが、資産は大きく増えない
- ☑ 「元本変動型」はリスクはあるが、資産を増やせる可能性も

 先ほど金融機関選びの解説でちらっとお話ししたけれど、**iDeCoで選べる商品には元本確保型と元本変動型の2タイプがあります**。

 元手となるお金が保証されるか、保証されないかですね。

 元本確保型はあらかじめ決められた金利で運用されるタイプで、**「定期預金」**と**「保険」**がこれにあたります。満期時の元本

元本確保型と元本変動型の違い

元本確保型

定期預金

保険

あらかじめ決められた
金利で運用され、
原則元本が保証されている。

**安全性は高いけれど、
低金利だと
資産は大きく増えない**

元本変動型

投資信託

運用状況に応じて
元本の変動がある。

**リスクはあるけれど、
資産が増える
チャンスも大きい**

が保証されるので、安全性の高い運用ができます。

 ということは、**リターンも少ない**ってこと?

 ミケ子さんわかってきましたね。一方の元本変動型は、運用状況に応じて資産が変動するタイプで、**「投資信託」**がこれにあたります。**運用によっては大きなリターンを得る可能性があるけれど、元本の保証はありません。**

 うーん、どっちがいいのか迷う〜。

元本確保型と元本変動型で選べる商品

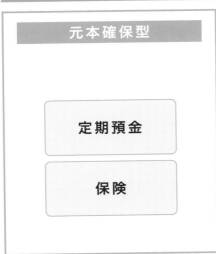

元本確保型

定期預金

保険

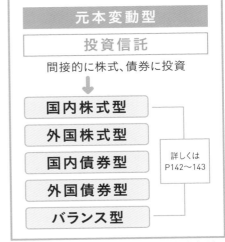

元本変動型

投資信託

間接的に株式、債券に投資
↓

国内株式型

外国株式型

国内債券型

外国債券型

バランス型

詳しくは
P142〜143

iDeCoで投資できる元本確保型の商品は、定期預金と保険の2種類。元本変動型の商品は投資信託のみ。投資信託には、1つの株式、債券にのみ投資するタイプと、対象を1つに絞らず、複数の株式、債券を組み合わせて投資を行う「バランス型」と呼ばれるタイプがあります。

iDeCoでは対象外の金融商品

株式	国内債券 (国債・社債)	外国債券 (国債・社債)	ETF

元本変動型の投資信託はどう選ぶ？

☑ 投資信託を積み立てると「複利効果」が働き
　資産を増やせる可能性も大きい

☑ 自分が目指す運用スタイルによって投資信託を選ぶ

 安心感だけで考えれば元本確保型を選びたくなってしまいますが、お金を増やすなら、元本変動型の投資信託も選択肢に入れたほうがよいってことですよね。

 iDeCoで投資信託を運用していく場合、得た利益はそのまま運用に回されます。このように**運用で得た利益を元本に組み込んで、さらに利息を得る仕組みを「複利効果」**といいます。「**雪だるまの法則**」とも呼ばれます。

 雪だるまのようにどんどん大きくなっていくイメージですね！

 そうです。**その効果は運用期間が長いほど高まります**。だから長期で積み立てるiDeCoはとっても効果的ということ。ちなみに先ほどと同じく月1万円を35年間、今度は投資信託で積み立てた場合、例えば運用利回りが3％だとすると、利息は約300万円になります！

 そんなに！？　投資信託はプロが運用してくれるんでしたよね？

 運用はプロにおまかせですが、どの投資信託を選ぶのかは自分で決めます。投資信託は商品によって投資先や内容が異なり、リスク

も異なります。安全性を重視するのか、多少のリスクをとって大きく増やすチャンスを得たいか、**自分が目指す運用スタイルで投資信託の選び方も変わってきます。**

 う〜ん、やっぱり話を聞くと大きく増やしたいな〜。

 ではやっぱり元本確保型だけではなく、投資信託も組み入れたほうがよいですね！

複利効果で資産が効率よく増えていく

[単利と複利の違い（年利10％の場合）]

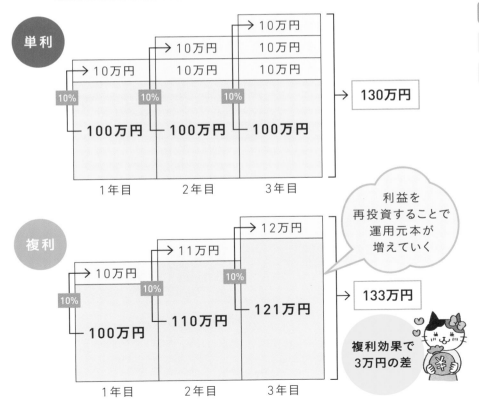

ポートフォリオのつくり方

☑ 投資信託は1本に絞らず、複数を組み合わせるのが基本

☑ 配分指定した金融資産の組み合わせが「ポートフォリオ」

☑ リスクやリターンに応じて資産の配分を自由に決められる

ところで、投資信託は一つだけしか選べないんですか？

いえいえ。**掛金の範囲内で複数の投資信託を自由に組み合わせて、自分で配分を決める「配分指定」**ができるの。その金融資産の組み合わせのことを**ポートフォリオ**っていいます。

掛金の範囲内で商品の配分を決める

例えば

毎月の掛金が1万円の場合

投資信託 A を50％

投資信託 B を30％

投資信託 C を20％

と指定すると、

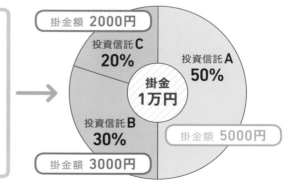

掛金額 2000円
投資信託C 20%

投資信託A 50%

掛金 1万円

投資信託B 30%

掛金額 5000円

掛金額 3000円

はじめに配分指定をすれば、その配分で毎月自動で商品を購入できます。途中で配分を変更したくなったら変えることも可能！その際に手数料などは一切発生しないので、安心です

配分って、どうやって決めればいいんですか？

 リスクを抑えたいなら値動きの小さい国内債券を多めに配分する、リターンを重視するなら値動きの大きい株式だけにするなど、自分がしたい運用の仕方に合わせて配分を考えましょう。**配分の変更をしたい時は、証券会社のホームページなどで簡単にできます。**

 自由度がある分、悩んじゃいそう。

 最初は悩みますね。基本的に、**若いうちはリターン重視、定年が近づいたら低リスクにする**など、年齢に合わせて考えていくのがいいと思います。大きな収益を期待するほど、その分、損失が大きくなる可能性も高いことをお忘れなく。**選ぶ前に自分のリスク許容度**（どれくらいのリスクに耐えられるか）**を決めておく**といいですね。

リスク許容度による配分例

投資対象の中で、株式の割合が高いほど期待できるリターンとリスクも大きくなる

リターン 大／小　リスク 小／大

定期預金なども活用し、元本を極力減らさない運用を目指す

元本確保型
100%

投資信託

外国債券 **25%**　国内株式 **25%**
外国株式 **25%**　国内債券 **25%**

国内債券でリスクを抑えつつ外国株式でリターンも狙う

投資信託

外国株式 **50%**　国内株式 **50%**

国内外の株式のみに配分するため高リスクだが、高リターンが狙える

難しいことはさておき、iDeCoのお得な活用法が知りたい！

13 iDeCoは何歳から 始めればいい？

POINT

☑ 40歳から始めても遅くはない！

☑ 資金に余裕がない時は無理せず少額から始めよう

 新NISAとiDeCo両方やりたいけれど、そんなに積立できるか自信がないな〜。

 ミケ子さんはまだ32歳だから、いつでもお金が引き出せる新NISA優先にするとして、iDeCoは月の掛金を最低額の5000円からにして徐々に増やしていけばいいんじゃない？

 そうですね。これからは、新NISAでもっと投資ができるようになるし。

 そうなの！　しかも会社員の場合は年金が手厚いので、そんなに慌ててiDeCoを始めなくてもOK。**40歳くらいから始めても、全く遅くはありません。**

 40歳から始めても、20年も運用期間がありますしね。

 ただし、**国民年金しかない自営業者やフリーランスの場合は、早めに始めるのをおすすめします。**

 うちの夫の場合ですね。すぐ言わなくちゃ。

これまでiDeCoは主に老後資金のためという考え方でしたが、NISAが改正される2024年からは、考えを柔軟にするといいかもしれません。

どういうことですか?

例えば、**NISAは60歳からの生活資金、iDeCoは75歳からの介護資金**、と「使う時期を分ける」と考えるほうが、人生100年時代の賢いお金の貯め方と言えるでしょう。

新NISAとiDeCoの積立プランは?(会社員の場合)

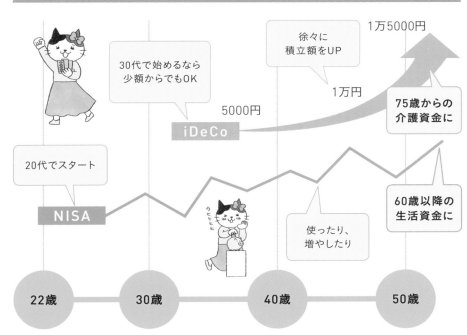

1万5000円

徐々に
積立額をUP

1万円

**75歳からの
介護資金に**

5000円

30代で始めるなら
少額からでもOK

iDeCo

20代でスタート

NISA

ウヒヒヒヒ

使ったり、
増やしたり

**60歳以降の
生活資金に**

22歳　　30歳　　40歳　　50歳

NISAは増やしながらもライフイベントや、60歳以降の生活資金に。iDeCoは75歳からの介護資金として考えてみましょう

iDeCoは50代から 始めても大丈夫!

2022年4月の改正により、加入年齢や受給開始年齢の延長、会社員の加入要件の緩和など、より幅広い人が使える制度になったiDeCo。若い世代はもちろん、50代からでも始めやすいポイントを解説します。

 iDeCoのことを母に話したら、すごく興味を示して、「やりたい」って言ってるんですけど……。

 お母様は何歳ですか?

 55歳です。60歳まで5年しかないし、もう遅いですよね?

 そんなことないわ。**55歳からでもiDeCo加入のメリットは大いにあります。**

 そうなんですか?

 22年の改正により、**iDeCoの加入対象年齢は「65歳になるまで」に延長されました。これにより、積立も65歳になるまでできるようになったのよ。**

 ということは、55歳から始めても65歳になるまで、10年間積立ができるんですね。

 そうです! 60歳以降の加入については、要件がありますが、対象になれば大丈夫よ。

1. 65歳になるまで加入できる
2. 受給開始年齢の上限が75歳まで延長された
3. 企業年金加入者が利用しやすくなった

 よかった！　実は先月、母の誕生日だったんですが、送られてきた「ねんきん定期便」を見て、「思ったよりもらえる年金が少ない……」と母が落ち込んでいたんです。

 年金の受給額が具体的にわかる50代は、それをもとに老後資金のプランを考える人も多いようですね。その結果、年金だけでは心配、とiDeCoを始めたというケースもよく聞きます。

 最近「老後破綻」なんて言葉も聞くし、お金にうとい母もさすがに不安になったらしくて。

 ではミケ子さんのお母様のためにも、50代からでも始めるメリットについてポイントを解説していきましょう。

長く働く時代だから
iDeCoの積立期間
も長くなります！

ポイントの1つ目である**「65歳になるまで加入できる」**は**2022年5月から施行されました**。ただ先ほども少しお話ししましたが、**全員が対象ではありません。**

 どんな人が65歳になるまで加入できるんですか？

 60歳以降も積み立てるには、国民年金に加入していることが条件です。60歳以降も会社員や公務員として働き、厚生年金に加入している場合（国民年金加入相当となる）や、自営業者やフリーランス、専業主婦（夫）であれば60歳以降、国民年金に**任意加入**している場合に限られます。

 国民年金の任意加入って何ですか？

 国民年金への加入の義務は20歳から60歳に達するまでの40年間です。60歳の時点で国民年金が満額支給になる「加入期間40年」に届いていなければ、自営業者や専業主婦（夫）の人は、40年に足りない分、保険料を支払って加入を継続できます。この仕組みのことを任意加入といいます。

 自営業者や専業主婦（夫）の人は、60歳で国民年金の加入期間が40年に達していたら、iDeCoも継続できないってことですね。

 残念ながら、そうなんです。だから、**この改正は60歳以降も働く会社員や公務員が主な対象になりますね。**ちなみに、ミケ子さんのお母様は働いているのかしら？

	20歳	60歳	65歳

第1号被保険者
（自営業者・フリーランスなど）
一部対象となる
ケースあり

第2号被保険者
（会社員・公務員など）
厚生年金加入者は
延長できる

第3号被保険者
（専業主婦[夫]など）
一部対象となる
ケースあり

> 雇用延長などで60歳以降も厚生年金に加入する人は、
> 自動的に国民年金加入相当となり、65歳になるまで
> iDeCoに加入できます。自営業者や専業主婦（夫）など
> は原則、60歳になるまでの加入となります

 はい、母も会社員として働いています。たしか、会社に定年の延長制度ができたとかで、60歳以降も働こうかなと言っていました。

 それならぜひ、iDeCoの加入をおすすめします。あと10年間積み立てれば、しっかり老後資金を確保できますよ。

 よかった。母も私と同じくらいのんびり屋なので……。老後のお金をちゃんと貯金してるかな〜と、心配してたんです。

 それは大変！　すぐにお母様に教えてあげて！

母の場合、どれくらい積立ができるんでしょうか？

 お母様が55歳からiDeCoを始めた場合をシミュレーションしてみましょう。掛金は月2万3000円、年利3％で計算すると……。**積立額は10年間で約45万円増、節税効果は1年間に約4万円もお得になります！**

 10年間で約40万円も節税できるなんて。それに、65歳の時点で約320万円もの額が受け取れるのはうれしいですね！

 65歳以降はケガをすると入院生活が長くなったり、自宅のリフォームや住み替えなど、思わぬ出費もあるから、まとまったお金があると安心ですよね。

 早速、母に伝えます！

ミケ子さんのお母さん（55歳）の場合のシミュレーション

積立期間	**55〜65歳になるまで**
拠出額（月額）	**2万3000円**
積立額（10年）	**276万円⇒321万円**（※3％で運用した場合） 45万円増
節税額（10年）	**41万4000円**

10年で45万円も増えた！お母さんやったね！

年間節税額
4万1400円

年間積立額
27万6000円

※年収300万円で試算

これまで、iDeCoの受給開始年齢は60歳から70歳までの間で選べましたが、**22年4月から上限が75歳まで**延びました。

 母の場合は、どうなるんですか？

 下図はiDeCoの受給開始年齢の早見表です。55歳のお母様が加入すると、60歳までの加入期間は4年以上6年未満となり、60歳から受け取れないので、63〜75歳の間から選んでくださいね。

 受給開始の上限が延びた分、運用できる期間も長くなり、お金が増えるチャンスも大きくなるんですよね。

 はい。ただ、その間も**口座管理手数料がかかる**ことをお忘れなく。

iDeCoの受給手続きが可能になる年齢は？

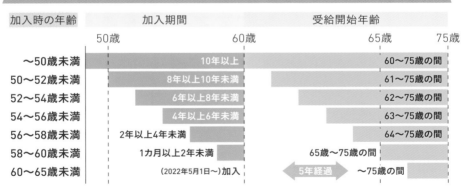

加入時の年齢	加入期間	受給開始年齢
〜50歳未満	10年以上	60〜75歳の間
50〜52歳未満	8年以上10年未満	61〜75歳の間
52〜54歳未満	6年以上8年未満	62〜75歳の間
54〜56歳未満	4年以上6年未満	63〜75歳の間
56〜58歳未満	2年以上4年未満	64〜75歳の間
58〜60歳未満	1カ月以上2年未満	65歳〜75歳の間
60〜65歳未満	(2022年5月1日〜)加入	5年経過 〜75歳の間

※上記の図の加入期間は、正確には「通算加入者等期間」といい、次の期間も含む
・iDeCoおよび企業型確定拠出年金の加入者として掛金の積立を行っていた期間および積立は行わず残高の運用のみを行っていた期間を合算した期間
・他の年金制度から転職または制度移行により資産を持ち込みした場合は、移換前制度に加入していた期間

※2022年5月からは60歳以降も国民年金被保険者であれば、65歳になるまで加入者として積立の継続が可能。
iDeCoの積立を継続しながら、老齢給付を受けることはできない（重度の障害になった場合に給付を受け取る障害給付を除く）

【ポイント③】企業年金加入者が利用しやすくなった

以前、友達にiDeCoを勧めたら、彼女の会社では規定でiDeCoには加入できないって言ってたんですが、そんなこともあるんですね。

それも変わったのよ。以前は勤め先に企業型DCなどが導入されている場合、iDeCoに加入できるのは労使合意の規定で、企業型DCとiDeCoとの併用が認められ、かつ事業主掛金の上限を引き下げた企業に限られていました。それが、**2022年10月から規約の定めや事業主掛金の上限引き下げがなくても、原則、iDeCoに加入することができるようになりました**。お友達に教えてあげて。

はい、早速！　でも、掛金の上限額はどうなるんですか？

企業型DC加入者の拠出上限額は、**全体の拠出限度額から事業主掛金を控除した残りの枠の範囲へと変更**になりました。

？？　どういうことでしょうか？

企業型DCはiDeCoと違って、掛金は会社が出してくれる制度で、運用は従業員が行い、積み立てた資金を60歳以降に受け取ります。**企業型DCのみ加入している人の場合は、掛金の上限は月額5万5000円**です。もしiDeCoも利用するなら、**iDeCoの掛金の上限は2万円**です。つまり、**企業型DCとiDeCoの掛金の合計は5万5000円まで**となるので、例えば企業型DCの掛金が3万5000円の場合、iDeCoの掛金は上限の2万円までにできるということです。

なるほど！　簡単に言うと、5万5000円から企業型DCの掛金を引いた額がiDeCoの掛金ということですね！

企業型DCに加えて、確定給付型の企業年金（DB）に加入している人の場合は、**企業型DCの掛金の上限は月額2万7500円**です。これに**iDeCoを併用する場合、iDeCoの掛金の上限は月額1万2000円**までで、**企業型DCとiDeCoの掛金の合計は月額2万7500円ま**でとなります。

すでに企業型DCの掛金が上限に近いと、iDeCoの掛金はあまり拠出できないってことですね。

そうです。iDeCoを上限まで利用したい場合は、企業型DCの掛金を引き下げる必要がありますね。

「企業型DC」「企業型DC＋確定給付型（DB）」に入っている人の拠出限度額

企業型DCのみ		企業型DC＋確定給付型（DB）	
iDeCoと併用しない	iDeCoと併用する	iDeCoと併用しない	iDeCoと併用する
企業型DC **月額 5万5000円** （iDeCo：0円）	企業型DC＋ iDeCo（上限2万円） **合計月額 5万5000円**	企業型DC **月額 2万7500円**	企業型DC＋ iDeCo（上限1万2000円） **合計月額 2万7500円**

注：企業型DCの掛金を従業員も拠出する「マッチング拠出」を利用している場合は、iDeCo併用はできない

COLUMN
企業型確定拠出年金（DC）と確定給付企業年金（DB）って？

企業年金制度には企業型確定拠出年金（DC）と確定給付企業年金（DB）があります。どちらも掛金は会社が拠出します。DCは従業員が自分で金融商品を選択し、運用します。選べる金融商品は会社によって異なりますが、運用成果によって、60歳以降に受け取る給付金が変わってきます。一方のDBは、労使の合意のもと将来の年金給付額を設定し、会社が年金資産を一括して運用し、運用のリスクも会社側が負います。

iDeCoの保有中に毎年
忘れてはいけない手続きがある

POINT

☑ 年末調整や確定申告で申請しなければ、掛金は控除されない

☑ 国民年金基金連合会から送付される払込証明書が必要

 iDeCoのお得な節税制度をしっかり活用するには、年末調整や確定申告で申請するのを忘れないでね。

 新NISAは何もしなくてよかったのに……。がっくり。

 これもお得のためよ！　しかも、そんなに難しくないから大丈夫。会社員のミケ子さんは年末調整で、フリーランスの夫は確定申告で申請してね。

 私、民間の医療保険に入っていて、毎年保険料控除の申請をしてますが、同じような感じですか？

 そうです。年末調整、確定申告ともに**「小規模企業共済等掛金控除」**という欄にiDeCoの掛金を記入します。さらに毎年10月以降に**「国民年金基金連合会」**から**「小規模企業共済等掛金払込証明書」という書類が送られてくる**から、申請の際にはそれを添付します。「知らないところから来た郵便だから捨てちゃった！」という人もいるから、注意しましょうね。

 iDeCoってところから来るわけではないんですね。忘れないようにメモしておきます〜。

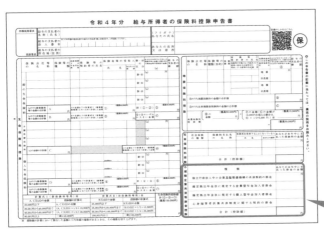

会社員や公務員で本人名義の口座から口座振替で掛金を拠出している場合は、年末調整の保険料控除申告書を提出すれば、税金の還付を受けられます。その際、小規模企業共済等掛金払込証明書を添付することを忘れずに！

ココ！
「小規模企業共済等掛金控除」に確定拠出年金の掛金の記入欄がある！

COLUMN

自営業者は確定申告で申請を！

■確定申告書A第一表

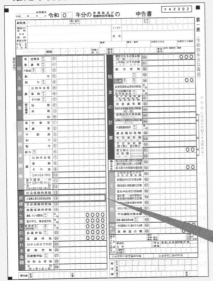

自営業者の場合は、確定申告をすることで税金の還付が受けられます。申告の際には小規模企業共済等払込証明書の添付が必要です！

■確定申告書A第二表

第一表と第二表に記載する欄があるので、両方とも記入すること！

難しいことはさておき、iDeCoのお得な活用法が知りたい！

iDeCoは途中で解約して他の商品に買い替えができる

POINT

☑ iDeCoの運用商品は途中で解約して改めて他の商品を買うことができる（スイッチング）

☑ スイッチングは市場の動向や年齢によって判断する

iDeCoの運用商品を見直したい時に商品を売却、解約して他の商品へ買い替える「スイッチング」という方法があります。

それは、どんなタイミングでするんですか？

例えば、A、B、C、Dの4商品を運用していて、CとDで利益が出ているとしましょう。でも、市場の動向からこのままCとDを保有し続けると利益が減ってしまうおそれがあるとします。そこでCの全額、D

スイッチングの例

資産150万円のうち、利益の出ていた運用商品Cを15万円（全額）、運用商品Dを20万円売却し、新たに運用商品Eを35万円購入した場合

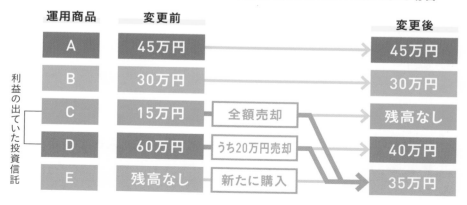

運用商品	変更前		変更後
A	45万円	→	45万円
B	30万円	→	30万円
C	15万円	全額売却	残高なし
D	60万円	うち20万円売却	40万円
E	残高なし	新たに購入	35万円

利益の出ていた投資信託

の20万円分を売却し、新たに元本確保型のEを35万円購入します。こうすることで、今後の運用による損失を防ぐことができるというわけです。

 市場の動向か〜。見極めるのが難しそう。

 年齢で考えてもいいでしょう。若い時は株式型の投資信託を積み立てて、運用期間が10年になった時点で売却。新たにバランス型の投資信託や債券型の投資信託など安定性の高い商品で積立を続けるという方法もあります。

「スイッチング」はWebでできる

iDeCoのトップページから「保有商品の入替（スイッチング）」→「保有商品のスイッチング（入替）（JIS＆T社へ）」と進みます。スイッチングしたい商品をタップし、入れ替えたい商品を選択、売却数量を入力します。

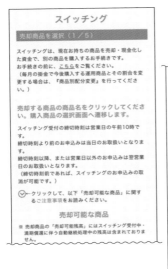

売却したい商品を選択

スイッチングの手続きをする際には「売却したい商品」と「購入したい商品」を同時に選択して申し込みます

ポートフォリオを変更してみよう

☑ 運用商品を見直したい時にスイッチングとともに
ポートフォリオの変更（配分変更）ができる

☑ 頻繁にスイッチングや配分変更をすると、
iDeCoの強みが薄れるので注意！

 ミケ子さん、ちょっと前にポートフォリオのお話をしましたよね（P110参照）、覚えてる？

 はい！　配分指定をした具体的な金融資産の組み合わせのことですよね。

 よく覚えていました。**iDeCoでは運用商品を見直したい時に、スイッチングとともに配分変更もできるんです。つまりポートフォリオの変更ね。**

 配分指定をした割合を変更できるってことですか？

 そうです。例えばA、B、C、Dの4商品の掛金を50％、20％、20％、10％の割合で配分していたとします。途中で運用方針が変わったので、AとBを10％ずつ減らし、Cを10％増やし、新たにEという商品を10％買い、配分割合を整えました。

 運用方針が変わるって、どういうことですか？

 例えば、「年齢が上がってリスクの大きい商品を少なめにしたい」とか「米国株が好調だから、外国株式の商品を多めにする」とかですね。

■ 楽天証券スマホ画面の例

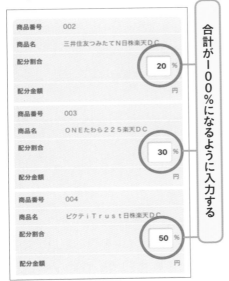

商品番号	002
商品名	三井住友つみたてN日株楽天DC
配分割合	20 %
配分金額	円
商品番号	003
商品名	ONEたわら225楽天DC
配分割合	30 %
配分金額	円
商品番号	004
商品名	ピクテiTrust日株楽天DC
配分割合	50 %
配分金額	円

合計が100%になるように入力する

■ 運用商品の配分を変更する

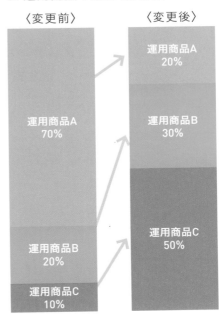

〈変更前〉

運用商品A 70%

運用商品B 20%

運用商品C 10%

〈変更後〉

運用商品A 20%

運用商品B 30%

運用商品C 50%

 つまり、スイッチング同様、市場の動向や年齢などの変化に応じて配分を変更していくということですね。配分変更をするには、お金がかかるんですか?

 スイッチングや配分変更自体には手数料はかかりません。でも、売却時や購入時には手数料がかかるものもあるので事前に確認しておきましょう。あと、あまり**頻繁にスイッチングや配分変更を行うと、複利効果やリスク分散というiDeCoの強みが薄れてしまう可能性もあるので、注意しましょう。**

3

難しいことはさておき、iDeCoのお得な活用法が知りたい!

iDeCoの受取方法は
3種類から選ぶ

POINT

☑ iDeCoの受取方法は3つの中から選べる

☑ 一時金受け取りは「退職所得控除」、年金受け取りは
「公的年金等控除」が適用される

iDeCoで積み立てて運用したお金は、満期になったらどうやって受け取るんですか?

先ほど「iDeCoは50代から始めても大丈夫!」(P114)のところでもお話ししましたけれど、受給開始年齢は60歳以降75歳まで自由に設定ができますが、**その受取方法も3種類の中から選択できます。**

受取方法も選べるんですか?

そうです。**受取方法によってお得度も変わってくる**から、よく聞いてくださいね! 受取方法は主に3つで①**一括で受け取る「一時金」形式**、②**分割で受け取る「年金」形式**、③**両方を組み合わせた「一時金＋年金」形式**から選ぶことができます。

う〜ん、どれがいいんだろう。

一時金受け取りでは「退職所得控除」が、年金受け取りでは「公的年金等控除」が適用されて、節税効果が得られます。

どっちも節税効果があるんですね。結局どっちがお得なんですか?

受取方法は3パターンから選択 (60歳に受給開始のケース)

ケース① ── 一時金として受け取る ──

〈例1〉
60歳になったら
一時金として
一括で受け取る

60歳
一時金(一括)
受け取り

30年間
積み立てた場合、
1500万円まで
非課税!

ケース② ── 年金として受け取る ──

〈例2〉
65歳まで
働くつもりなので
年金形式で
65歳から

60歳 **65歳**
給与
収入
年金(分割)受け取り
公的年金

公的年金と合算して
年110万円まで
非課税!

〈例3〉
60歳から年金形式
で受け取り、
公的年金支給までの
無収入期間をカバー

60歳 **65歳**
給与
収入
年金(分割)受け取り
公的年金

60〜64歳は
年60万円まで
非課税!

ケース③ ── 一時金と年金を組み合わせて受け取る ──

〈例4〉
60歳になったら
一時金として一定額
を受け取りつつ、
年金形式でも
受け取る

60歳 **65歳**
年金(分割)受け取り
一時金(一括)
受け取り
公的年金

60〜64歳は
年60万円まで
非課税!

30年間
積み立てた場合、
1500万円まで非課税!

退職所得控除とは退職時に受け取る退職金にかかる「所得税」と「住民税」の控除が受けられる制度です。本来は退職金を受け取る会社員のためのものですが、iDeCoで一時金受け取りをした場合でも、同じ控除が受けられます。

退職金のない、自営業や専業主婦(夫)の人でも一時金受け取りをすると退職所得控除が受けられるんですか?

難しいことはさておき、iDeCoのお得な活用法が知りたい!

1
2
3
4
5

そうです。また退職金がある人は、受け取るタイミングに合わせて、iDeCoを一時金として一括で受け取ることもできます。ただし、金額によっては控除の上限額を超えてしまうこともあるので、その場合、一時金と年金受け取りを組み合わせるという手もあります。

控除の上限額があるんですか?

そうなんです。退職所得控除の金額は勤続年数(iDeCo加入年数)に連動しています。勤続年数が長いほど控除額がアップする仕組みです。勤続年数と退職金の額から算出するのですが、例えば30年の場合、退職所得控除の上限は1500万円です。

もうひとつの公的年金等控除って何ですか?

65歳以上は公的年金との合計額が年額110万円まで、60〜64歳は年60万円まで非課税になる制度です。年金形式での受け取りは、この公的年金等控除が適用されます。

iDeCoを一時金と年金で受け取る場合の税金

一時金で受け取る場合

退職所得控除	□ iDeCo加入20年超の場合、 800万円＋70万円×(iDeCo加入年数－20年) の控除がある □ 控除後の金額の2分の1が退職所得の金額となる □ 他の所得とは合算されない分離課税

年金で受け取る場合

公的年金等控除	□ 65歳未満は公的年金と合わせて 一般的に最低年額60万円、65歳以上は 最低年額110万円までの控除がある

60歳になる前に受け取れるパターン

	①死亡一時金	②障害給付金	③脱退一時金
条件	加入者が亡くなった時	高度障害となった時	年金保険料免除
内容	加入者が亡くなると資産は一時金として遺族に支給される	加入者が法令で定める高度障害になれば、加入年齢に関係なく障害給付金の支給が受けられる	年収の減少などによって、年金保険料を免除され、かつ個人別管理資産が少額などの場合脱退一時金としてもらえる

③は、かなりレアなケースです

 でも60歳になる前に絶対に引き出せないのはちょっと不安……。

 そうですよね。一応、万が一の時は引き出せることもあるから、上の表の3つのパターンを確認しておいてください。

 少し安心しました～。

COLUMN

さまざまな手数料に注意！

年金形式での受け取りを選んだ場合、金融機関によって、振込手数料や口座維持手数料がかかる場合があります。例えば振込手数料が432円なら、年12回振込をすると、その費用だけで年間5184円を負担することになります。受取方法を選ぶ前に、金融機関に確認しておくといいでしょう。

難しいことはさておき、iDeCoのお得な活用法が知りたい！

転職しても大丈夫！
iDeCoの引っ越し、ここに注意！

転職・退職をすると、iDeCoも一緒に引っ越しができます。ただし、それには手続きが必要です。特に企業型DCに加入している人は、手続きを忘れてしまうと無駄な手数料が発生してしまうことも……。iDeCoの引っ越しの注意点を解説します。

 ミケ子さんは、これから転職とか考えていますか？

 今は具体的には考えていませんが、待遇とかお給料とか条件がもっとよい会社があれば転職する可能性はあります。でも、転職したらiDeCoはどうなるんですか？

 それが今回のポイント、転職した時のiDeCoの引っ越し手続きの注意点です。

 iDeCoって、引っ越しできるんですか？

 iDeCoは転職・退職をしても持ち運びができます。でも、転職先によって掛金の上限を変更する必要がある場合も。会社員の場合、勤め先に企業年金があるかないか、また企業年金の種類によって、掛金の上限が違うって話を前にしましたよね？

 はい、覚えてます！　私は企業年金なしなので、掛金の上限は月額2万3000円でした。

 ミケ子さんが転職した場合、勤め先による掛金の変化を右の図にしてみました。

企業年金なしなら金額はそのままだけど、DCやDB（P121参照）、公務員になると掛金の上限は減っちゃうんですね。

 これまでは、企業型DCのある会社に転職した場合、iDeCoと企業型DCの同時加入を認めていないと、iDeCoは解約して新たに企業型DCに加入しなくてはいけませんでした。しかし、P120のポイントのところでもお話ししたように、**2022年10月からは会社の規約によらず、原則iDeCoが継続できる**ようになりました。

 転職しても、iDeCoが続けやすくなったんですね。

会社員が転職するとiDeCoはどうなる？

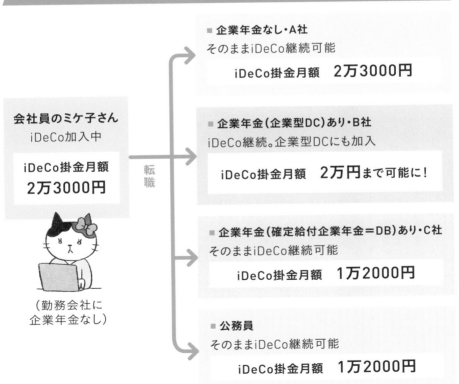

会社員のミケ子さん
iDeCo加入中

iDeCo掛金月額
2万3000円

（勤務会社に
企業年金なし）

転職

■ **企業年金なし・A社**
そのままiDeCo継続可能

iDeCo掛金月額　**2万3000円**

■ **企業年金（企業型DC）あり・B社**
iDeCo継続。企業型DCにも加入

iDeCo掛金月額　**2万円**まで可能に！

■ **企業年金（確定給付企業年金＝DB）あり・C社**
そのままiDeCo継続可能

iDeCo掛金月額　**1万2000円**

■ **公務員**
そのままiDeCo継続可能

iDeCo掛金月額　**1万2000円**

iDeCoの引っ越しには手続きが必要ですか？　私の場合、転職先が企業年金なしの会社だったら、iDeCoをそのまま続けられますが、その場合でも手続きをしなくてはいけないんですか？

どんな場合でも**転職したなら必ず手続きは必要です**。iDeCoの加入の時に「事業主の証明書」を提出しましたが、勤め先が変わったので、転職先の会社に新たに作成してもらう必要があります。転職先の企業が発行した「事業主の証明書」と「加入者登録事業所変更届」を金融機関に提出します。また掛金も変わるなら、「加入者掛金額変更届」の提出も必要です。

また、いろいろな提出書類が必要なんですね。

わからなかったら、まずは自分のiDeCo口座がある金融機関のコールセンターに問い合わせてみましょう。必要な書類や手続きについて、教えてくれると思いますよ。

転職によるiDeCo移換で必要な手続き①

届出内容	手続きについて
勤務先の変更 **必須**	転職した先で会社員として働く場合、新たな勤務先の届け出とそこで作成してもらった証明書の提出 【提出書類】 ・加入者登録事業所変更届 ・事業所登録申請書 兼 第2号加入者に係る事業主の証明書
掛金額の変更	【提出書類】 ・加入者掛金額変更届

届出内容	手続きについて
iDeCoの 加入者資格喪失 **必須**	iDeCoの加入資格を喪失する日（転職先へ入社し企業型へ加入する日）が決まったら、iDeCoの加入者資格喪失届を提出 【提出書類】 ・加入者資格喪失届 ※喪失理由は「04：運用指図者になるため」を選択
企業型DC への加入 **必須**	加入時の手続きについては、制度や商品の説明とともに転職先の担当者からの指示に従う。 また会社が掛金を出す前に登録手続きが完了している必要があるので、期日が早めに設定されている可能性があるため注意

企業型DCのみの
会社に転職する場合は
この手続きも必要

 また、企業型DCのある会社に転職して、iDeCoを解約して企業型DCに加入し直す場合は手続き方法が異なります。

 そうなんですか！　また覚えることが……。

 まず転職先に入社する日が決まったら、iDeCoを解約するために「加入者資格喪失届」を運営管理機関に提出します。企業型DCに加入する手続きについては、勤務先により異なるので、転職先の担当者の指示に従ってくださいね。

 まずはiDeCo解約の手続きをしてから、企業型DCへの加入手続きですね。

 iDeCoの資産を企業型に移す場合は、移換手続きが必要です。転職先の担当者に伝えれば、書類を準備してくれます。

私の友人のシャム子さんの場合、会社員で企業型DCに加入中なんですが、例えば彼女が企業年金なしの会社に転職したら、これまで積み立てた分はどうなるんですか？ 転職後はどうやって積立を続けるんですか？

 大丈夫。安心してください。シャム子さんが**企業年金なしの会社に転職した場合、これまで企業型DCで積み立てた資金をiDeCoに移換できます。**

 新たにiDeCo口座をつくって移すってことですね。

 また、企業型DCに加入していて別の企業型DCがある会社に転職した場合は、これまで積み立てた資金は移換先を①転職先の企業型DC②iDeCo③企業年金連合会の3つから選択することができます。また、企業型DCとiDeCoの併用もできます。

企業型DC加入中の会社員が転職すると、iDeCoが受け皿に

会社員のシャム子さん
企業型DC加入中

iDeCo掛金月額
5万5000円－
企業型DC掛金

（勤務会社に
企業年金あり）

転職

■ **企業年金なし・A社**
・企業型DCの年金をiDeCoに移換
・iDeCoに加入手続き

iDeCo掛金月額　2万3000円

■ **企業年金（企業型DC）あり・B社**
・新しい企業型DCに移換手続き

iDeCo掛金月額
5万5000円－企業型DC掛金

企業型DCで運用していた商品は、そのまま運用を継続できるんですか？

 移換する際は、運用商品はすべて売却され、一度現金化します。そのうえで、移換後に新たな商品で運用をすることになります。

 えっ！　売却！　転職をするタイミングで儲けが出ていたらいいですけど……。

 利益が出るタイミングに合わせて、転職の時期を考えるのも難しいですよね。

 ところで企業型DCの場合、自分で運用する商品を選べるんですか？

 もちろん！　自分で選ばなくてはいけません。転職したら新しい勤め先の担当者に、運用できる商品のラインナップを確認しておくといいですね。

 これで、転職しても大丈夫ですね！

 ちょっと待って！　さらに企業型DCに加入していた人が転職や退職をする際に大きな落とし穴があるので、覚えておいてね。

 またもや、落とし穴が！

転職したら
iDeCoの引っ越しの
手続きもお忘れなく！

企業型DCに加入中の人が転・退職をし、資産をiDeCoや企業型DCに移換をする際、**手続きは6カ月以内に行わなければいけません。**

 6カ月過ぎると、どうなっちゃうんですか？

 資産は現金化されて国民年金基金連合会に 自動移換 **されてしまいます。自動移換されると、資産運用はされず、自動移換の際の手数料や管理手数料が資産額から引かれてしまいます。**

 運用されないから資産も増えず、手数料が引かれるだけなんて（怒）！

 自動移換後にiDeCoに移換する場合や再就職先の企業型DCに移換する場合にも手数料がかかってしまいます。また自動移換から移すのも大変。3〜4カ月かかるみたいです。だから気をつけてね。

６ カ 月 た つ と 自 動 移 換 さ れ る ！

こ ん な ケ ー ス は 自 動 移 換 さ れ る ！

資格喪失後、
6カ月以上たっている

自動移換通知を
受け取っている

定期通知を
受け取っている

・・・・・ 自 動 移 換 に な っ て し ま う と ど う な る ？ ・・・・・

- 資産の運用ができない
- 手数料を負担しなくてはいけない
- 自動移換中の期間は、老齢給付金の受給要件となる通算加入者等期間に算入されないので、受給可能年齢が遅くなることがある

参考：三菱UFJ信託銀行（https://www.tr.mufg.jp/tameru/dc/portability/）

※自動移換を避ける選択肢として、22年5月から企業年金連合会が運営する終身年金「通算企業年金」に移換することも可能に

第 4 章

すみません、
「投資信託」って
何ですか？

そもそも「投資信託」って何？ 難しそう……。
と思っている人でも大丈夫！
新NISAやiDeCoを始める前に
基礎知識をマスターしておきましょう。

プロに運用はおまかせ！
「投資信託」のキホン

☑ 投資信託はプロに運用をおまかせできる
投資初心者向きの金融商品

☑ 「長期・積立・分散」の安全な資産運用が
誰でも簡単に実現できる

 投資信託って、いろいろな株とか債券が入っているセット商品みたいなものでしたよね？

 そうです！　**投資信託は投資家から集めた資金を一つにまとめ、それを運用会社（ファンドマネジャー）が運用し、出た利益を投資家に還元するという金融商品**です。

 投資をするってことは、損をすることもあるってことですよね？

 積立期間が長いほど途中で市場が上下しても、結果的に資産を増やせます。運用で得た利益を再投資することで、利益が利益を生んで膨らんでいく**「複利効果」も得られる**んですよ！

 無理のない金額なら、積立も長くできそうですしね。

 投資信託の大きな特徴は、「長期・積立・分散」という安全な資産運用の王道ルールが簡単に実現できること。購入は少額からできるので、気軽に毎月一定額を積立することができます。

 長期の積立は、まさに最強の方法なんですね。

投資信託の仕組み

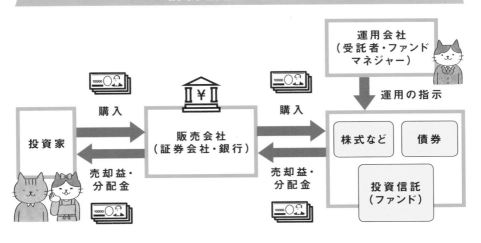

投資の基本原則「長期・積立・分散」

長期

10年以上の
長期投資を続ける

↓

複利効果の恩恵を
受けることができる

(P108参照)

積立

月1万円など少額でも
コツコツ積み立てる

↓

価格が下がった時も
有利になる
(=ドル・コスト平均法)

(P37参照)

分散

1つに集中せずさまざまな国、
資産に投資する

↓

複数組み合わせることで
価格変動のリスクを
抑えられる

(P38参照)

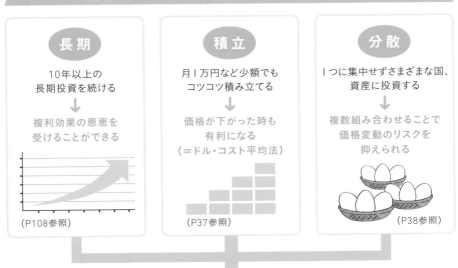

投資では「卵は一つのカゴに盛るな」と言われています。卵を一つのカゴに盛ると、そのカゴを落とすと全部割れてしまいますが、カゴを分ければ大丈夫という『分散』の重要性を示しています。

リスクやリターンが異なる投資信託の種類とは？

POINT

☑ 投資信託にはリスクやリターンの異なる数多くの商品がある

☑ 運用方法や投資対象、対象地域により分類される

 投資信託を選ぶ際覚えておきたいのは**3つの分類方法**です。**1つ目**が**運用方法による分類**ですが、それぞれの投資信託には、運用成果の目安としている**指標（ベンチマーク）**があります。

 そのベンチマークって何ですか？

 日経平均株価やTOPIX（東証株価指数）などのことです。**指標に連動することを目指して運用するのが「インデックス型」、指標を上回る成績を目指して運用するのが「アクティブ型」**といいます。

 アクティブ型は、うまくいけば利益も大きいってことですね。

 そうですが、その分手数料が高めに設定されていることも多いので、初心者にはインデックス型のほうがわかりやすくておすすめです。**2つ目**が**投資対象による分類**です。主に株式、債券、不動産、その他に分類され、複数の資産に投資するバランス型もあります。

 バランスよく、いろいろな資産が入っているってことですね。

 3つ目が**対象地域による分類**。大きく分けて、日本国内、先進国、新興国に分類され、日本国内と海外を合わせた投信もあります。

投資信託の主な3つの分類方法

① 運用方法による分類

インデックス型、アクティブ型のイメージ
（ベンチマークがTOPIXの場合）

TOPIX（ベンチマーク）

投資信託が運用する際に目標とする基準

インデックス型

ベンチマークに連動した値動きで、変動の差は少ない。安定的な運用が見込める

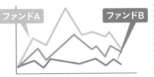

アクティブ型

ファンドA　ファンドB

ベンチマークを上回る成績を目指す。投資信託ごとに成績にバラつきがみられる

② 投資対象による分類

投資対象 / 投資先	株式	債券	不動産（REIT）	その他資産
国内	国内株式型	国内債券型	国内不動産投信	その他
	資産複合型（バランス型）			
海外	外国株式型	外国債券型	外国不動産投信	その他

> いろんな資産をミックスしたのがバランス型ね

投資対象によるリスクとリターンのイメージ

（大）

リスク

[参考]預金
国内債券
外国債券
バランス型
国内株式
外国株式

（小）

（小）　リターン　（大）

> 右上にいくほどリスクとリターンが高くなる。リスクが高いほど期待リターンは高くなり、逆にリスクが低ければ期待リターンも低くなる

> リスクを抑えたいなら、バランス型という選択肢もアリです

③ 対象地域による分類

日本国内 ▶ よく知っているなじみのある企業が多く、初心者向き

先進国 ▶ 欧米などの先進国。世界的に有名な企業も多く、値動きはやや安定

新興国 ▶ 今後の経済成長が期待される国。変動幅が大きい

どう選ぶ？
ポイントは"手数料の安さ"

POINT

- ☑ 投資信託には3つの手数料がかかる
- ☑ 新NISA、iDeCoで投資信託を選ぶ際は、
  信託報酬をポイントの一つにする

 投資信託を選ぶ際はまず、**手数料に注目**してみましょう。

 そうか、プロにおまかせするってことは、その分手数料もかかるんだ！

 鋭い！　手数料は購入時に証券会社や銀行などに支払う「**販売手数料**」、保有中に運用管理費として毎日計算される「**信託報酬**」、売却時に支払う「**信託財産留保額**」の3種類です。

 え〜！　それじゃあ、月々結構お金がかかりそう……。

 ただ**販売手数料については、新NISA向け投信はすべて、iDeCoでも多くが無料（ノーロード）です。**また、信託財産留保額もほぼかかりません。

 よかった〜。新NISAやiDeCoで利用する際には、手数料はあまり気にしなくていいんですね。

 それが、**信託報酬に関しては、新NISA、iDeCo向け投信ともに必ずかかります。**信託報酬は運用が長期になるほど大きな額になり、将来の収益に大きく影響します。だから、商品を選ぶ時は信託報酬の安さをポイントにするといいでしょう。

投資信託にかかる3つの手数料

購入時 → 保有中 → 売却時

販売手数料

購入時に販売会社に支払う手数料。「ノーロードファンド」という販売手数料無料の投信もある

信託報酬

運用管理費として保有し続ける限り差し引かれる

信託財産留保額

投信を解約する際に投資家が支払う費用で、解約代金から差し引かれる。投資信託によるが、差し引かれないものも多い

信託報酬の違いはリターンに大きく影響する

信託報酬率が1%違う場合の資産総額

（100万円を投資した場合のイメージ 信託報酬控除前リターン4.5%）

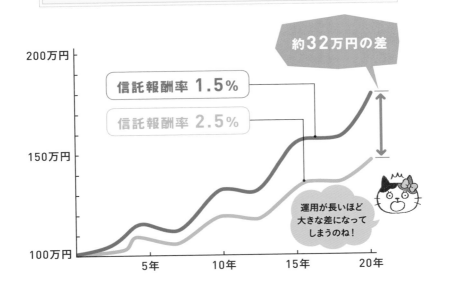

約32万円の差

信託報酬率 **1.5%**

信託報酬率 **2.5%**

運用が長いほど大きな差になってしまうのね！

200万円

150万円

100万円

5年　10年　15年　20年

すみません、「投資信託」って何ですか？

購入前に自分が買おうと思う商品のココをチェック!

POINT

☑ 投資信託の情報は、情報提供会社や証券会社のホームページなどで確認できる

☑ さらに詳しい情報を知りたい時は、個別の目論見書でチェックすることができる

 投資信託の個別の情報は、第三者評価機関のウエルスアドバイザーのサイトや証券会社のホームページで詳しく見ることができます。

 情報が多すぎて、どこを見ていいのかわかりません〜。

 まず**基準価額**を見てみましょう。これは**投資信託の値段**のことです。取引単位は株式は「株」ですが、**投資信託は「口（くち）」**といいます。通常基準価額は1万口の金額に相当します。

 では、ここに表示されている値段は1万口の価格ってことですね。

 次に**純資産総額**。投資信託のすべての資産＝「資産総額」から運用コストを引いた金額で、**投資信託の規模を表します。**

 数字の大きいほうが、規模の大きい投資信託ってことですね。

 そして、**トータルリターン**もチェックしてね。**値上がり益（値下がり損）・分配金・費用などを含めて、一定期間にどれだけ値上がり、値下がりしたのかを年率で表したもの**です。その他、運用方針など**詳しい情報は目論見書で確認**することができます。これも、証券会社のホームページなどで見ることができますよ。

投資信託のチェックポイント

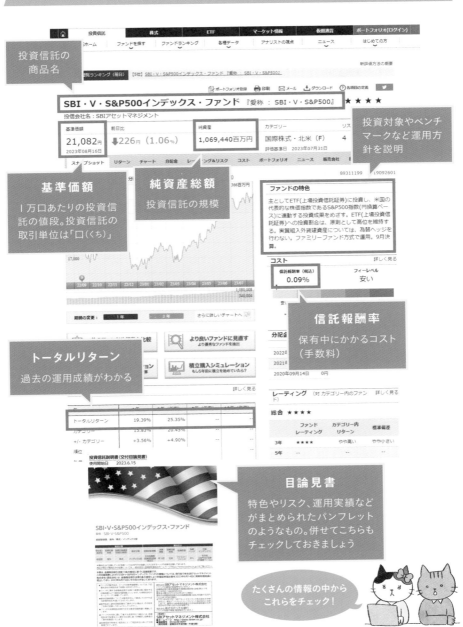

投資信託の商品名

投資対象やベンチマークなど運用方針を説明

基準価額
1万口あたりの投資信託の値段。投資信託の取引単位は「口(くち)」

純資産総額
投資信託の規模

信託報酬率
保有中にかかるコスト(手数料)

トータルリターン
過去の運用成績がわかる

目論見書
特色やリスク、運用実績などがまとめられたパンフレットのようなもの。併せてこちらもチェックしておきましょう

たくさんの情報の中からこれらをチェック!

すみません、「投資信託」って何ですか?

出所:ウエルスアドバイザー (https://www.wealthadvisor.co.jp/)

「成長投資枠」は どんな商品に投資する?

POINT

☑ 新NISAの成長投資枠を利用してインデックス型以上の 成績を狙うのも◎

☑ 年齢が上がったら、より保守的な投信を 積み立てるという手も

 新NISAには、**「成長投資枠」**(P40、55)がありますが、こちらはどんな商品を利用したらよいのか、イメージがわきません。

 そうですね。「つみたて投資枠」は、金融庁が厳選した約200の投信以外には投資ができません。ですが、新NISAでは「成長投資枠」を使ってさまざまな投資信託に投資できる点が、新しいメリットですよね!

 例えば、つみたて投資枠では選択できない投資信託のうち、どんな商品が候補になりますか?

 考え方としては、まず、米国株や日本株のうち、長年高い実績のある**アクティブ型**の投信を積み立てるというのが一つの候補です。右ページに6つの銘柄をピックアップしたので参考にしてください。

 インデックス型以上の成績を、さらに積極的に狙うわけですね。

 もう一つ、年齢が上がってからは、債券型やバランス型など、**より保守的な投信を積み立てる**というのも一案です。

 定年以降も、積み立てる時に選択するといいかもしれませんね!

「成長投資枠」で積み立てる投資信託ベスト6

SBI－SBI・V・米国高配当株式インデックス・ファンド（愛称：SBI・V・米国高配当株式）

■ SBIアセットマネジメント

`インデックス` `米国株式`

基準価額	1万3812円	信託報酬	0.1238%程度
純資産総額	227億9400万円		
リターン（1年）	12.39%		

人気の高い「バンガード・米国高配当株式ETF」を通じて、米国株式市場における高配当銘柄を対象とする株価指数に連動する。信託報酬0.1238%程度と割安

GS-netWIN GSテクノロジー株式ファンド Bコース（為替ヘッジなし）

■ ゴールドマン・サックス・アセット・マネジメント

`アクティブ` `米国株式`

基準価額	2万5459円	信託報酬	2.09%
純資産総額	8177億2400万円		
リターン（1年）	30.43%		

テクノロジーの発展により恩恵が期待できる米国企業の株式に投資。20年超の運用実績を持つ老舗投信で、純資産総額は8000億円を超えている

インベスコ－インベスコ 世界厳選株式オープン〈為替ヘッジなし〉（年1回決算型、愛称：世界のベスト）

■ インベスコ・アセット・マネジメント

`アクティブ` `先進国株式`

基準価額	1万6215円	信託報酬	1.90%
純資産総額	223億600万円		
リターン（1年）	28.03%		

独自の分析により、日本を含む世界の株式市場から投資銘柄を50銘柄ほどに絞り厳選。割安成長株に投資を行い、長期的な成長を目指す

三井住友DS－ 三井住友DS日本バリュー株ファンド（愛称：黒潮）

■ 三井住友DSアセットマネジメント

`アクティブ` `日本株式`

基準価額	1万8746円	信託報酬	1.67%
純資産総額	184億5100万円		
リターン（1年）	24.40%		

株価が割安かつ10年超保有できる銘柄を厳選して投資する日本株式投信。国内株式を主要投資対象とする。99年7月に設定来、＋87.31%と高い実績

SBI－SBI中小型 割安成長株ファンド　ジェイリバイブ（年2回決算型、愛称：jreviveⅡ）

■ SBIアセットマネジメント

`アクティブ` `日本株式`

基準価額	1万6491円	信託報酬	1.85%
純資産総額	155億5000万円		
リターン（1年）	15.58%		

国内の中小型株で株価が下落した銘柄のうち、財務の安定性に優れ、業績も安定した銘柄を厳選して投資を行う投信。8年以上の運用実績を持つ

三菱UFJ国際-eMAXIS Slim 先進国債券インデックス

■ 三菱UFJ国際投信

`インデックス` `先進国債券`

基準価額	1万2405円	信託報酬	0.154%以内
純資産総額	740億3800万円		
リターン（1年）	4.21%		

アメリカをはじめとした先進国が発行している債券に投資する投信。信託報酬は0.154%以内と、同種の投信の中では最安水準となっている

※2023年7月10日現在。「成長投資枠」の投資対象商品のルールに合致したものから選択。

あと、いつかは株式投資にもチャレンジしてみたいな〜。でも、さらに銘柄選びが難しそうですね。

候補としては、日本株と米国株が考えられます。第2章でもお話ししましたが、日本株の場合は、頻繁に売買する可能性のある成長株よりは、長期に保有する高配当株を選びましょう。米国株は、単価が低いので、優良株を毎月積み立てるといいですよ！　こちらも下に代表的な銘柄を紹介しましたので参考にしてください。

ちょっと、楽しそうな予感。有名な会社もたくさんありますね。

「成長投資枠」で投資する個別株候補

	銘柄名	銘柄コード（ティッカー）	株価	コメント
日本株式	花王	4452	5358円	34年連続増配。配当利回りは3％前後。長期保有すべき高配当銘柄
	日本電信電話（NTT）	9432	167.3円	23年7月1日に25分割へ。100株を2万円前後で購入できるので積立でも
	日本たばこ産業（JT）	2914	3096円	23年7月時点の配当利回りは6％強。海外事業好調で今後も高配当期待
	ユー・エス・エス	4732	2367円	中古車オークション会場運営で断トツ。26年連続増配。配当利回り3％前後
米国株式	アップル	AAPL	190.68米ドル	GAFAMの一角のIT銘柄。世界三大投資家の一人、バフェット氏が保有する銘柄の50％近くを占める
	コカ・コーラ	KO	59.76米ドル	値動きが小さいが確実に値上がりしている安定銘柄。配当利回りは3％前後。長期で積立にぴったり
	プロクター＆ギャンブル	PG	148.8米ドル	日本でもおなじみの一般消費財メーカー「P&G」。全世界180カ国で展開する安心感で、長期積立銘柄に
	アメリカン・エキスプレス	AXP	169.8米ドル	クレジットカード大手。コロナ禍が明け、手数料収入などで業績好調

※2023年7月10日現在

新NISA（つみたて投資枠）

投資信託ランキング TOP 5

実際、新NISAでどんな商品を選んでいけばいいのでしょうか？
新NISAの「つみたて投資枠」で利用するとよい
投資信託TOP5をフジコ先生がセレクトしました。

商品データ
の見方

❶ 基準価額
1万口あたりの値段

❷ 信託報酬
数字の小さいほうが安い

基準価額の動きを示しています。この値動きだけではなく、ベンチマークの動きと比較することがポイント

❸ 純資産総額
金額が大きいほど信頼度が高い

4位 ひふみプラス

■レオス・キャピタルワークス ［アクティブ］ ［国内株式］

❶	基準価額	5万1533円
❷	信託報酬	1.078%以内
❸	純資産総額	5242億8200万円
❹	リターン（6カ月）	16.54%
	リターン（1年）	18.00%
	リターン（3年）	7.46%

❹ リターン
数値が大きいほど運用成績は優秀だが、この数字だけではなくベンチマーク（投資信託が指標としている基準）と比較することも大切。また、あくまでも過去の数字なので、将来の運用成果を保証するものではないことは覚えておきましょう

日本の成長企業を中心に国内外の上場株式を主要な投資対象とするアクティブ型投信。リターンは継続して日経平均株価を大きく上回っているのに加えて、信託報酬も他のアクティブ型と比べて低めと、数あるアクティブ型の中でもコストパフォーマンスが高い商品です。

※2023年6月26日現在（「リターン」のみ7月31日現在のデータ）。リターン（3年）は年率

1位 eMAXIS Slim 全世界株式（オール・カントリー）

■三菱UFJ国際投信　　インデックス　　全世界株式

基準価額	1万9285円
信託報酬	0.1133%以内
純資産総額	1兆2152億5400万円
リターン(6カ月)	22.79%
リターン(1年)	21.15%
リターン(3年)	22.55%

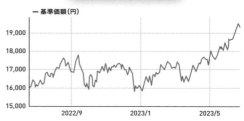

― 基準価額(円)

日　本を含む先進国と新興国の株式に投資するインデックス型投信。グローバル投資のベンチマークとして有名なインデックスである「MSCIオール・カントリー・ワールド・インデックス」を基準に、これに連動する成果を目指して運用します。これ1本で全世界の株式に分散投資ができます。またコストも低く、信託報酬は0.1133%以内と、同種の投信の中でも最低水準となっています。低コストで分散投資ができるため、長期運用にうってつけの商品です。

2位 楽天・全世界株式インデックス・ファンド（愛称：楽天・VT）

■楽天投信投資顧問　　インデックス　　全世界株式

基準価額	1万8652円
信託報酬	0.195%程度
純資産総額	3116億9700万円
リターン（6カ月）	21.83%
リターン（1年）	20.45%
リターン（3年）	22.12%

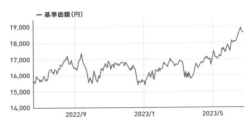

世界の株式市場を捉えることを目指す投信で、主要な投資対象は海外ETFである「バンガード・トータル・ワールド・ストックETF（VT）」。投資対象の「VT」は先進国から新興国まで世界47カ国・約8000本の銘柄に投資できるETFで、これ一つで国際分散投資を実現することが可能です。

3位 SBI・V・S&P500インデックス・ファンド

■SBIアセットマネジメント　　インデックス　　米国株式

基準価額	2万181円
信託報酬	0.0938%程度
純資産総額	9798億9600万円
リターン（6カ月）	25.52%
リターン（1年）	23.75%
リターン（3年）	26.10%

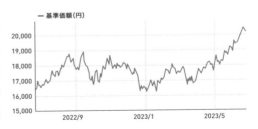

「バンガード・S&P500 ETF（VOO）」に投資を行い、米国の株式市場を代表する指数である「S&P500」に連動する投資成果を目指す投信。信託報酬0.0938%程度という低コストで、持続的な成長に期待ができる米国市場に投資できるのがメリットです。

4位 ひふみプラス

■レオス・キャピタルワークス ［アクティブ］ ［国内株式］

基準価額	5万1533円
信託報酬	1.078%以内
純資産総額	5242億8200万円
リターン（6カ月）	16.54%
リターン（1年）	18.00%
リターン（3年）	7.46%

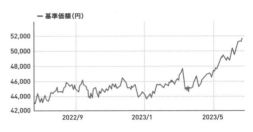

日本の成長企業を中心に国内外の上場株式を主要な投資対象とするアクティブ型投信。リターンは継続して日経平均株価を大きく上回っているのに加えて、信託報酬も他のアクティブ型と比べて低めと、数あるアクティブ型の中でもコストパフォーマンスが高い商品です。

5位 eMAXIS Slimバランス（8資産均等型）

■三菱UFJ国際投信 ［バランス］ ［複合資産］

基準価額	1万4592円
信託報酬	0.143%以内
純資産総額	2060億1300万円
リターン（6カ月）	12.91%
リターン（1年）	9.49%
リターン（3年）	11.39%

国内の株式・債券・REIT、先進国と新興国の株式・債券に12.5%ずつ投資する投信です。「8資産均等」で分散投資をすることによってリターンやリスクの平準化を行うことができるのがメリット。また、他の「eMAXIS」シリーズと同様、コストも非常に低くなっています。

第 5 章

これが正解！
新NISA＆
iDeCoの
組み合わせ法

投資初心者にとって悩ましいのは
2つの制度の組み合わせ方。
年齢やライフステージに合った運用方法を
見つけるコツをお伝えします！

投資信託は基本 「株式型」を組み合わせる

POINT

☑ 運用期間が10年以上あるなら、基本的には株式型の
　投資信託で運用しよう

☑ 同じタイプの投信なら、信託報酬がより低いものを選ぼう

 次に、投資信託の選び方をお教えしますね。選び方の心得一つ目は、「**基本的には株式型で運用する**」こと。運用期間が10年以上確保できるのであれば、株式型で積極的に運用しましょう。

 株式かぁ～。でも、その会社が倒産しちゃったらお金は戻ってきませんよね？　そんなの耐えられないんですけど!!

 ミケ子さん、さっき習った投資信託のことを忘れてますね。特定の企業ではなく、**いろいろな資産に幅広く投資できるのが投資信託**です。企業が活動を続けるためには、利益を出さなくてはなりません。だから、株式型の投資信託で運用すれば、あらゆる企業の成長の波に乗ることができるというわけです。

 そっか！　企業は赤字になっても回復するために努力しますもんね。

 しかも、投資信託なら日本国内だけではなく世界中の企業に投資できます。預金や債券に比べると収益の振れ幅は大きいですが、「世界経済は必ず成長する」という前提に立って長期運用をすれば、経済成長の果実を手にすることができるはずです。

■ 1年間の投資収益幅の比較

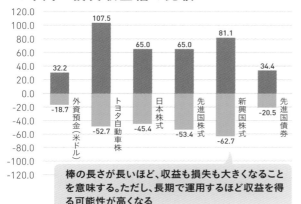

※外貨預金（米ドル）＝FF金利
日本株式＝TOPIX（配当込み）
先進国株式＝MSCIコクサイ指数
（配当込み、円ベース）
新興国株式＝MSCIエマージング指数
（配当込み、円ベース）
先進国債券＝FTSE世界国債インデックス
（除く日本、円ベース）
※ 円ベースのインデックス値は、各インデックスのドルベースの月末値×TTM（三菱UFJ銀行）の月末値で計算
※ データ参照期間は2013年7月～2023年7月（月次）。月末時点で各資産へ1年間投資した場合の最大上昇率・最大下落率を表示

棒の長さが長いほど、収益も損失も大きくなることを意味する。ただし、長期で運用するほど収益を得る可能性が高くなる

※出所：ウエルスアドバイザー
（https://www.wealthadvisor.co.jp/）

 心得の2つ目は、「**手数料を低く抑える**」ことです。

 第4章で学びましたが（P144）、手数料は3種類あるんですよね。

 よく覚えてました。特に**注意したいのが「信託報酬」**です。投信の管理・運用のための費用で、投信の保有中はずっと払い続けます。信託報酬が1.5％と0.5％の投資信託で100万円を運用した場合、30年間で60万円以上も収益に差が出ます。

ルール2：コストはなるべく低いものを

■ コストの違いでリターンが変わる

新NISAとiDeCoで差はなし 世代別投信の選び方

POINT

- ☑ 基本的には、「全世界株式型」を選択して、 世界中の経済成長を享受する
- ☑ 10年以内に引き出す可能性が高いといった場合は 「バランス型」での運用を選択する

 実際に、新NISAやiDeCoを活用する際には、それぞれどのような 投資信託を選択するとよいのでしょうか?

 新NISAとiDeCoで選ぶべき投資信託に違いはありません。新 NISAのつみたて枠やiDeCoのように運用期間が10年以上確保で きる場合は、株式型で運用することが基本となります。

 ただ、株式型といってもさまざまな商品がありますよね? 具体的 には、どんな商品を選べばよいのでしょうか?

 私がおすすめしたいのは「全世界株式型」です。さまざまな国々の 企業に幅広く分散投資ができるため、1国に集中して投資するより も投資リスクを軽減させることができるんです。

 「全世界」ってことは日本企業も応援できる!

 ただし、**運用期間が10年未満の場合や、自営業者で社会保障が手薄 といった場合など、投資リスクを避けるべき状況にある人には、株式 型ではなくバランス型をおすすめ**します。

「全世界株式型」は、アメリカを中心に新興国にも投資可能

■ 全世界株式型の構成国例

〈対象インデックスの国・地域別構成比率〉

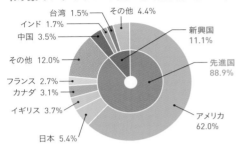

台湾 1.5%　その他 4.4%
インド 1.7%
中国 3.5%
その他 12.0%
フランス 2.7%
カナダ 3.1%
イギリス 3.7%
日本 5.4%
新興国 11.1%
先進国 88.9%
アメリカ 62.0%

先進国・地域		(23カ国・地域)
アメリカ	オランダ	ベルギー
日本	スウェーデン	イスラエル
イギリス	香港	ノルウェー
カナダ	デンマーク	アイルランド
フランス	スペイン	ポルトガル
スイス	イタリア	ニュージーランド
オーストラリア	シンガポール	オーストリア
ドイツ	フィンランド	

新興国・地域		(24カ国・地域)
中国	インドネシア	ポーランド
インド	タイ	トルコ
台湾	マレーシア	ギリシャ
韓国	アラブ首長国連邦	ペルー
ブラジル	カタール	ハンガリー
サウジアラビア	クウェート	チェコ
南アフリカ	フィリピン	コロンビア
メキシコ	チリ	エジプト

※表示桁未満の数値がある場合、四捨五入
※MSCI Inc.のデータを基に三菱UFJ国際投信作成
（2022年9月末時点）

〈バランス型8資産均等タイプの例〉

基本投資割合

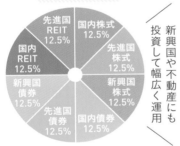

先進国REIT 12.5%
国内株式 12.5%
国内REIT 12.5%
新興国債券 12.5%
先進国株式 12.5%
新興国株式 12.5%
先進国債券 12.5%
国内債券 12.5%

新興国や不動産にも投資して幅広く運用

> バランス型の投信を1本持っているだけで複数の資産に投資でき、安定した運用が期待できます！

 バランス型って、株式だけでなくさまざまな資産で運用するんですよね？

 その通り。株式型よりもローリスクでの運用を期待できるため、手堅く運用したい人に適した商品です。特に、**8つの資産に均等に分散投資ができるバランス型の「8資産均等タイプ」**はおすすめです。

 複数の投資先で安定した運用ができるということですね。

case1 20代・独身・会社員

株式中心で新NISAで積極運用

POINT

☑ 手取りの2〜3カ月分の定期預金は手元に確保し、
解約しやすい新NISAの「つみたて投資枠」でスタート

☑ 毎月5000円の投資は1本に集中しても、
5本などに分けてみてもOK

24歳
独身、会社員
賃貸マンション暮らし
年収300万円

 ここからは、年代別・職業別に新
NISA、iDeCoの組み合わせ方に
ついて具体的に見ていきましょう。
まずは、20代・独身・会社員の場
合です。

 この時期は、自分のためだけにお
金を使える貴重な時期ですよね。
つい使いすぎちゃうけど……。

 とってもわかります！ しかし、**この時期は、家族や子どももいない**
ため、自分で稼いだお金を自分でコントロールできる「人生最大の
貯め時」なんです。ただし、まだ収入が少ない場合には、最低でも
手取り月収の2〜3カ月分を定期預金などで貯めてから、投資を始
めるようにしましょう。

 まずは貯蓄ということですね。

 また、**無理のない範囲で投資額を設定することも大切です。まずは新**
NISAの「つみたて投資枠」で毎月5000円から始めましょう。

case1・おすすめのポートフォリオ

[新NISA　つみたて投資枠　月5000円]

全世界株式型
100%

〈1本集中派〉

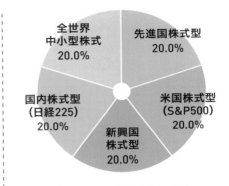

全世界
中小型株式
20.0%

先進国株式型
20.0%

国内株式型
（日経225）
20.0%

米国株式型
（S&P500）
20.0%

新興国
株式型
20.0%

〈いろいろお試し派〉

 毎月5000円なら、まだ収入の少ない20代でも気軽に積み立てることができますね！　では、具体的にどんな投資信託で運用すればよいのでしょうか？

 手間をかけずに1本ですませたいという場合には、上図の【1本集中派】のように全世界株式型100%で問題ありません。

 投資初心者には1本のほうが楽そうで、いいですね。

 一方で、投資に興味があり、いろいろ試してみたいということなら、上図の【いろいろお試し派】のように1000円ずつ5本の投資信託に積み立てるのもアリです。例えば、ここで組み込まれている**全世界中小型株式は、リスクがある一方で値動きも大きいタイプ。こういう商品に触れておくことで投資の勉強にもなります。**

 早くから投資のイロハを学んでおくのも重要ですね。

SECTION 04

case2 30代・子どもあり・共働き・会社員

つみたて投資枠で資産形成を

POINT

- ☑ 30代・共働きはガッツリお金を貯める時期。最低月5万円は新NISAで積立を!
- ☑ 積極的に攻めるなら、米国株式型を組み入れる

33歳（妻30歳、子ども2歳）
会社員
賃貸マンション暮らし
世帯年収650万円
（夫350万円、妻300万円）

 次に、30代で子どもがいる、共働き会社員のケースについて見ていきましょう。この時期は、住宅購入や教育費などライフイベントに伴う大きな出費に備えて、計画的にお金を貯める必要があります。

 まさに私たちのような世帯!　要チェックですね。

 30代の場合、**子どもの教育費やマイホーム、自動車の購入資金など、近い将来に大きな出費が控えているため、まずは新NISAを積極的に活用して短〜中期的な資金を貯める必要があります。**

 毎月の積立額は、どれくらいがよいのでしょうか？

 この時期は共働きで資金に余裕があれば、毎月の積立額は最低でも5万円に設定し、新NISA「つみたて投資枠」でガッツリ資産形成を目指すとよいでしょう。

［新NISA　つみたて投資枠　月5万円］

〈米国重視派〉

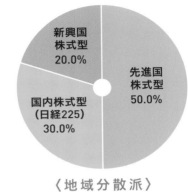

〈地域分散派〉

 毎月5万円かぁ……。日々の生活費を少し見直す必要があるけど、無理な金額ではないですね。

 資金に余裕のあるうちに毎月5万円を積み立てておくと、後々のマネープランも楽になりますし、ここが頑張り時だと思ってください。

 はい！　それでは、具体的にどんな投資信託で運用するとよいのでしょう？

 積極的に攻めたい場合は、上図の【米国重視派】のように米国株式型50％、全世界株式型50％のポートフォリオをおすすめします。**長期的に成長を続ける米国市場へ投資できる米国株式型であれば、大きく資産を増やせる期待もありますよ。**一方で、もう少し幅広く運用したいという場合は、上図の【地域分散派】のように、先進国・日本国内・新興国株式と幅広い地域へ分散投資するのもよいでしょう。投資リスクも分散され、新興国などの成長にも期待できます。

case3 30代・子どもあり・自営業

iDeCoも併用して老後リスクに備える

・・・・・・・ POINT ・・・・・・・

☑ 自営業は、公的年金が手薄なので
30代からiDeCoもスタートする

☑ iDeCoを株式型100％にする分、
新NISAにはバランス型を組み込む

35歳（妻32歳、子ども3歳）
自営業
賃貸マンション暮らし
年収650万円
（妻は専業主婦）

 今度は、自営業者、30代・子ども
ありのケースについて考えてみま
しょう。

 自営業は厚生年金がないから、会
社員よりも公的年金の受取額が
少ないんですよね？

 はい。そのため、**新NISAに加えて
iDeCoも活用しての積立がより重
要になります。**

 新NISAやiDeCoを活用して、厚生年金をもらえない分を補おうと
いう考え方ですね？

 そうです。**老後に不安のある自営業者は、30代からiDeCoを始める
べきでしょう。節税メリットの大きいiDeCoを早くから始めることで、
老後資金への備えも万全にできる**からです。自営業者の場合、会社
員と比べてiDeCoの上限額が高く、月6.8万円まで積立が可能。例え
ば、月6万円を資産運用に回せる場合には、最低でもその半分の3万
円はiDeCoに回すことをおすすめします。

〈つみたて投資枠　月3万円〉　　〈iDeCo　月3万円〉

 上図のポートフォリオでは、iDeCoと新NISAに3万円ずつ振り分けていますね。それぞれ、どのような投資プランなのでしょうか？

 自営業者の場合、病気やケガで失業状態に陥った際の保障も、会社員と比べて希薄です。そのため、万一の事態の備えとして、新NISAのつみたて投資枠には全世界株式型を50%組み入れつつ、バランス型も50%組み込み、一部資金をローリスクで安定運用します。

 iDeCoについては、どうでしょう？

 30代の場合には、最低でも20年以上の運用期間を確保できるため、iDeCoは株式型で積極的に攻めの運用をしていきましょう。例えば、上図は、全世界株式型と米国株式型を半分ずつ組み込んだポートフォリオです。これなら、長期の運用の間に大きなリターンを期待することもできそうです。

 これなら、老後への不安もやわらぎそうです！

case4 40代・独身・会社員

つみたて投資枠は年120万円を使い切る

☑ 家計に余裕があるからこそ、
新NISAもiDeCoも投資枠いっぱいまで利用

☑ iDeCoは株式型100%で積極的に、新NISAは
急なまとまった出費に備えて一部をバランス型で

**42歳
独身、会社員
賃貸マンション暮らし
年収500万円**

 続いては、40代独身で会社員の
ケースですね。

 はい。この場合、20〜30代である
程度の貯金を確保できている人も
いることでしょう。また、収入も上
がってくる時期で、他の年代・家族
構成と比べても家計にかなり余裕
のあるケースだと思います。

 でも、今は晩婚も増えていますし、実際はライフプランが大きく変
わる可能性もありますよね?

 その通りです。結婚以外にも、親の介護が必要になるケースも考え
られますし、自分の老後のことまで考えると、資産形成をないがし
ろにしていいわけではありません。むしろ、**お金に余裕のあるこの
時期にしっかりと資産形成をすることで、将来どのようなライフイベ
ントが起きても対応できる体制を整えておくことが非常に大切に**な
ります。

 なるほど。ここもお金の貯め時なんですね!

〈つみたて投資枠　月10万円〉　　　〈iDeCo　月2万3000円〉

 このケースの具体的な投資プランについて教えてください。

 新NISAのつみたて投資枠には毎月10万円を積み立て、全世界株式型と米国株式型を中心に、積極運用していきます。40代のうちに大きく資産を増やすことが狙いです。

 バランス型も25％組み込まれていますよね？

 これは、急な出費でまとまったお金が必要になった時への備えです。万一の備えについてはローリスクでの運用が適しているため、バランス型を組み込んでいます。

 iDeCoについては、どうでしょうか？

 40代のうちは、まだまだ長期の運用期間を確保できるため、iDeCoは全世界株式型と米国株式型を半々ずつという攻めの運用でOKです。

case5 40代・子どもあり・会社員

支出大でも積立額を減らして継続を

POINT

- ☑ 家計が苦しくても、積立は継続。新NISA、iDeCoとも積立額を削ってでも継続することが大切

- ☑ iDeCoは積極運用を継続、新NISAは解約も考えてバランス型で

45歳（妻44歳、子ども中学生・高校生）、会社員
分譲戸建て暮らし
世帯年収700万円
（夫600万円、妻100万円）

 続いては40代会社員で、子どもありのケースです。

 今から10年後かぁ〜。住宅ローンの支払いをはじめ、子どもの塾代など出費がすごそうな時期です（泣）。

 その通り！ ですが、**家計が苦しいからといって積立をやめてしまうのはNGです。**

 肝に銘じます……。せっかくここまで積み立てていたのに、途中でやめてしまってはもったいないですもんね……。

 いったん積立金額を減らしてもいいので、積立は継続するようにしましょう。また、**パート勤めでもいいので夫婦共働きで収入源を複数確保しておくことも大切です。年間100万円程度の収入が加われば、それだけでも資産運用に回すお金が増え、将来の大きなプラスになりますよ。**

 私も頑張って働き続けなくちゃ！

〈つみたて投資枠　月3万円〉　　　〈iDeCo　月2万円〉

 この時期は、住宅購入や教育費などで大きな出費が想定され、これまで新NISAで積み立てていた資金を引き出すことも考えられます。しかし、**引き出したあとも新NISAへの積立は継続してください。**

 新NISAは一生涯、積立を継続できますもんね。

 その通り！　引き出しが必要になる時に備え、この時期はバランス型100％で運用します。以前別の投資信託で運用していたとしても、バランス型から先に解約してください。

 新NISAは、バランス型で慎重運用というわけですね。それでは、iDeCoはどうしたらよいのでしょうか？

 P167でも言いましたが、**40代はまだまだiDeCoの運用期間が長くとれる時期なので、全世界株式型と米国株式型での積極運用でいきましょう。**

 こちらは積極運用！　わかりました。

case6 50代・子ども独立・会社員
ラストスパートはバランス型を中心に

POINT

☑ **50代は老後資産づくりのラストスパートをかける時期。毎月の積立額を1万円でも多く**

☑ **リターンを狙うためには、全世界株式型を組み入れる**

55歳（妻48歳、子ども独立）
会社員
分譲マンション暮らし
世帯年収650万円
（夫550万円、妻100万円）

 さて、最後に50代になってからの資産運用について見ていきましょう！

 50代はまだまだ先のことにも思えますが、今後のためにも聞いておきたいです！

 50代の資産運用において、最も優先すべきことは何だと思いますか？

 50代になると運用期間は長く取れないから、大きなリターンを狙うよりも、安定運用を優先すべきだと思います。

 大正解です！　また、50代になると、子どもが独立して教育費の心配がなくなるケースも多いでしょう。そのため、ここからの資産運用は老後資産形成という目的に集中できますね。

 50代は老後資産形成のラストスパートをかける時期でもあるんですね！

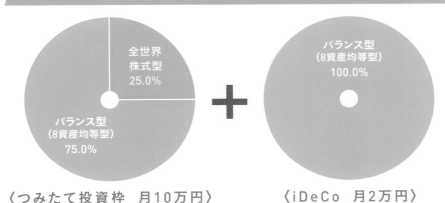

〈つみたて投資枠　月10万円〉　　〈iDeCo　月2万円〉

新NISAは、60歳までといわず、退職金を原資にしてもいいので、なるべく長く積み立てることを目指しましょう。ただし、基本の運用期間は10年と想定し、バランス型を中心とした安定運用をおすすめします。

上のポートフォリオを見ると、全世界株式型も25％組み込まれていますが？

やはり、バランス型だけでは資産を増やすことが難しいのが現実。新NISAのつみたて投資枠のうち1/4を全世界株式型にして、ここでリターンを狙っています。

iDeCoについてはどうでしょうか？

大切なのは65歳まで会社員として働き続けて、iDeCoの積立を継続することです。運用自体は、ここまで貯めた老後資金を減らしてしまわないように、バランス型100％で安定運用を目指しましょう。

キーワードINDEX

おわりに

　この本を読み進めていただき、ありがとうございます。この本を手にとった理由は、「新NISAがスタートするから、始めてみようかな」という方、「今までもつみたてNISAやiDeCoをしていたけれど、これからどんなふうに変わるのか知りたいな」と思った方など、いろいろな方がいらっしゃることでしょう。

　でも、皆さんに共通しているのは、新NISAへの期待の大きさだと思います。私自身も、大きな期待を持っています！

　思えばこの2年ほどで、**日本経済を取り巻く環境は大きく変わりました**。物価が上がり始め、20年以上デフレ経済だった日常生活に大きな変化が訪れました。家計への負担が増える一方、お給料が少しだけ上がったという話も聞きますし、保有していた投資資産が少し増えたという話も耳にします。

　これからの日本は、物価上昇、経済・企業の成長、低金利からの脱却、そして給料アップといった**経済の好循環が起こりそうな予感**がしています。こうした時には、月に数千円でもいいから、定期預金だけでなく、**投資商品への積立をスタート**して、**経済成長の恩恵を受けることが大切**だと思います。

　そんな時に、ちょうど新NISAがスタートするのですから、悩むよりは、とにかく**第一歩を踏み出すべき時がきた**と思っています。

　もちろん、この先、経済がよい時ばかりではないでしょうが、自分の資産の一部を「投資する」ということに慣れていくことが肝要です。値動きに一喜一憂せず、**長期的に経済と資産を見る力**を一緒に養っていきましょう！　この本が、その一助になれば幸いです。

　　　　　　2023年7月　経済ジャーナリスト　酒井富士子

著者紹介

酒井富士子（さかい・ふじこ）

経済ジャーナリスト／金融メディア専門の編集プロダクション・株式会社回遊舎代表取締役。
日経ホーム出版社(現・日経BP社)にて「日経ウーマン」「日経マネー」副編集長を歴任。リクルートの「赤すぐ」副編集長を経て、2003年から現職。「お金のことを誰よりもわかりやすく発信」をモットーに、暮らしに役立つ最新情報を解説する。
著書に『マンガと図解でよくわかる つみたてNISA&iDeCo& ふるさと納税　ゼロからはじめる投資と節税入門』(インプレス)、『おひとりさまの終活準備BOOK』(三笠書房)などがある。

＊本書は2022年4月に弊社より刊行された『知りたいことがぜんぶわかる！　つみたてNISA & iDeCo の超基本』の内容を大幅増補・改訂の上、新NISAの情報を加えて、再編集したものです。

知りたいことがぜんぶわかる！
新NISA＆iDeCoの超基本

2023年9月19日　第1刷発行
2024年4月19日　第7刷発行

著　者	酒井富士子
発行人	土屋　徹
編集人	滝口勝弘
編集担当	神山光伸
発行所	株式会社Gakken 〒141-8416 東京都品川区西五反田 2-11-8
印刷所	中央精版印刷株式会社

●この本に関する各種お問い合わせ先
・本の内容については、下記サイトのお問い合わせフォームよりお願いします。
　https://www.corp-gakken.co.jp/contact/
・在庫については　Tel 03-6431-1201（販売部）
・不良品（落丁、乱丁）については　Tel 0570-000577
　学研業務センター　〒354-0045 埼玉県入間郡三芳町上富 279-1
・上記以外のお問い合わせ　Tel 0570-056-710（学研グループ総合案内）

学研グループの書籍・雑誌についての新刊情報・詳細情報は、下記をご覧ください。
学研出版サイト　　https://hon.gakken.jp/